ちくま新書

モテる構造

——男と女の社会学

山田昌弘
Yamada Masahiro

1216

モテる構造——男と女の社会学【目次】

はじめに

女性がジーンズをはいてもおかしくないのに、男性がスカートをはくと奇異な目で見られるのはなぜだろう。オリンピックの種目に、女性のレスリングやマラソン競技はあるのに、男性のシンクロナイズド・スイミングはない。女子大や女性専用車両はあるのに、男子のみの大学や男性専用車両もない。

私たちは、日常生活のあちこちで、女性にはOKだが、男性はダメという現象に出合う。だけれども、それを差別と言ったり、改善すべきという意見を目にすることはめったにない。

女性活躍のかけごえで、「男性に限られていることを女性にも可能にしろ」という意見は、当然のこととして受け止められるようになった。パンツスーツで働く女性も多くなり、男性のみ入学可の大学はなくなった。ほとんどのスポーツでは女子種目も行われるようになった。しかし、日常的にスカートをはく男性を目にすることはまずないし、女子大に男性を入学させろという運動は起きない。シンクロナイズド・スイミングを男性にも広げろという意見は大きくならないし、男性専用車両を設けるという動きはない。

男性がスカートをはくことは法律で禁止されているわけではない。しかし、スカートをはく男性に違和感をもってしまう感情はわれわれの中に根付いている。シンクロナイズド・スイミングの男性版は存在するが、積極的にそれを見たいという人は少ない。女子大に入学したいと申しでる男子高校生はめったにいないし、男性専用車両に進んでのりたがる男性も多くはないだろう。

よく考えてみれば、これは、奇妙な現象ではないだろうか。私の専門分野は、家族社会学であり「フェミニズム」や「ジェンダー論」も学んできた。しかし、「女性に限られていることを男性にも可能にしろ」という主張はほとんど見られないことに気づいた。ジェンダー論に携わっている研究者も、この点については、ほとんど言及していない。それは、理屈というよりも、「違和感」などといったわれわれの中にわき上がる「感情」に基づいているからだと考えるようになった。研究者であっても、社会の中で生活する人間である。私の中にも、日常的にスカートをはく男性を奇異な目で見てしまい、男性が脚を水面にあげ美しく踊るシンクロナイズド・スイミングは見たいと思わないといった感情があることは否定できない。そして、そのような感情は、広く存在しているようにみえるのにもかかわらず、それを解明しようとする試みにはほとんど出合っていない。

さらにわれわれの社会には、別の感情に支えられた、男女で非対称な現象が存在している。それは、どのような人を好きになるか、どのような人がモテるか、という、「性的魅力」にかかわる問題である。私は、結婚や恋愛を分析する中で、そこでは、「背が高くスポーツで強い男性」は多くの女性に好かれる一方、「背が高くてスポーツが強い女性」が好きだという男性は少数という事実にいつも接してきた。逆に、女性は背が低くてスポーツが強くなくても男性から好かれないということはない。これは、「仕事ができる」「収入が高い」ということにあてはめても同じである。「できる男性は女性にモテる」「できる女性は男性にモテるとは限らない」という非対称な構造が厳然と存在している。

この感情に支えられた「魅力」のジェンダー構造は、低収入の男性を好きになる女性が少ないという事実、そして、低収入の男性が増大しているという現実を介して、現代日本に結婚難をもたらす一因になっている。にもかかわらず、この感情自体に関して論じた研究はほとんど見られないし、社会的な問題になることもめったにない。というよりも、注意深く言及が避けられているようにも見うけられる。

ジェンダー論の中心テーマである「性別役割分業」に関する現実や議論にも非対称性がみられる。「仕事にうちこみたい」という女性は多いし、称賛される。一方、「専業主夫になりたい」という男性は少ないうえ、好意的な目で見られない。「ヒモ」という差別的表現を使う人はまだいるのである。専業主夫になりたいと思う男性が少ない理由を論じた研究も少ない。これも、男性や女性に対する「感情」に根ざしているのである。

本書では、いままでジェンダー論の中で避けられてきた、男女に関わる非対称的な「感情」に焦点を当てる。それがどのような構造を持ち、どのように性別による規範を作りあげているかを、らしさ規範・性別役割規範・性愛規範の三種に分類して、分析する（第2、3章）。さらに、性別による規範が、どのような効果もしくは性差別を社会にもたらしているか（第4章）、社会自体の構造が転換するなかで現在変化しているのか（第5章）の解明を目指す。社会学、ジェンダー論、精神分析学の理論を応用して考察を進めると、これらの感情に支えられた非対称構造は、実は、近代社会になって普及した「男は外で仕事、女は家で家事」という性別役割分業の構造と大きくかかわっていることが見えてくる。人がどのような対象にどのような感情をもつか、どのような人に違和感をもつか、どのようなことをしたいと思うか、どのような人を好きになるかは、成長過程に形成される。それが男女のどのような経験によって形成されるかを発達心理学的にも考察したい（第6章）。

日本社会では、性別によって「生き難さ」に質的違いがある。その生き難さを軽減する助けに少しでもなれば幸いである。

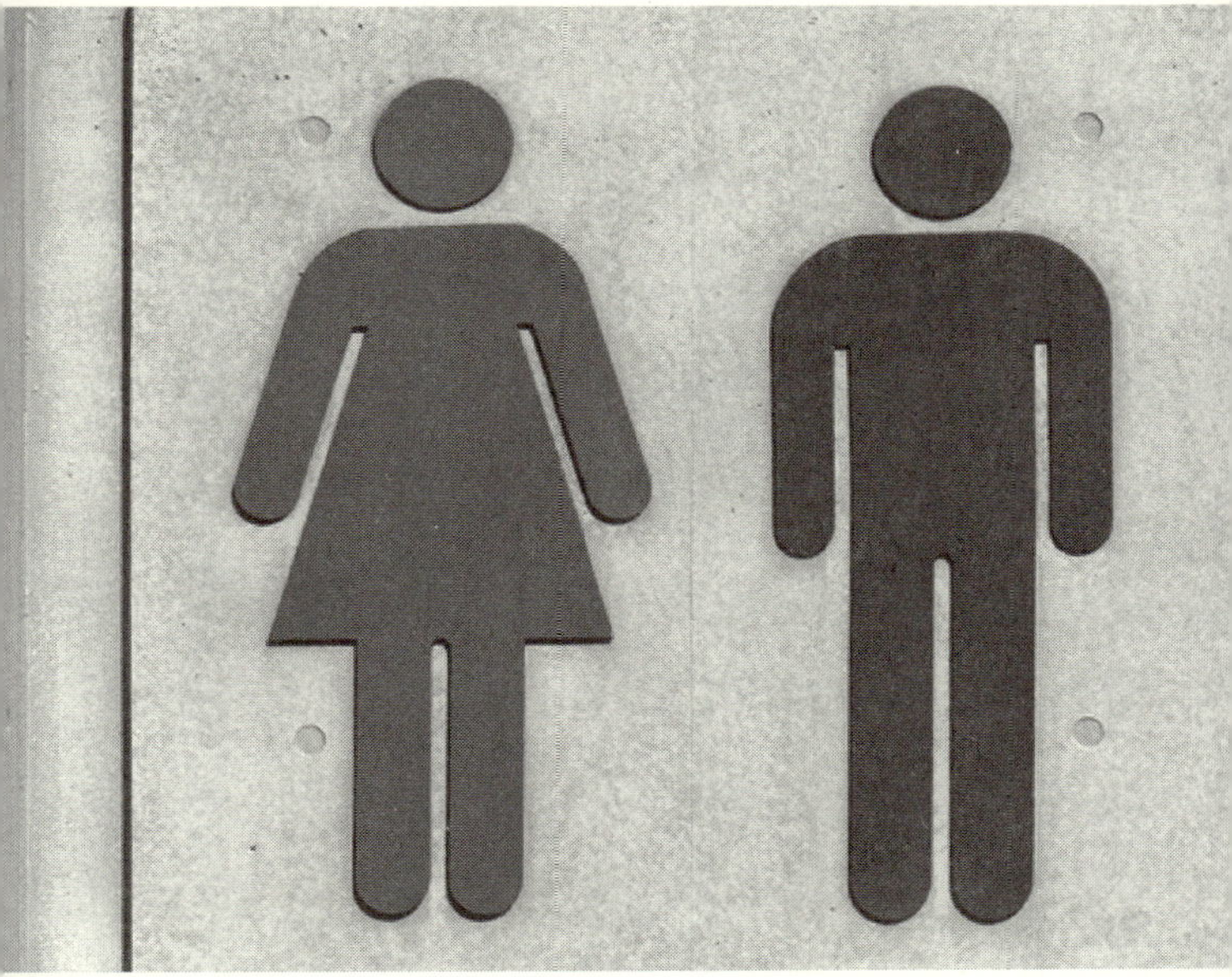

第１章
男と女の関係学

1　男にとっての女、女にとっての男とは?

学生時代に聞いて、耳に残っている話がある。かれこれ四〇年くらい前のことで、残念ながら、誰から聞いたのか思い出せないし、出典はどこなのか調べても分からない。それは、次の性別に基づく四通りの人間関係の比較である。

男にとって男は「力」
男にとって女は「美」
女にとって男は「気はやさしくて力持ち」
女にとって女は「謎?」

社会学は、「人間関係」を扱う学問の一つである。そして、社会学の教科書や論文では、「人間関係とは、このようなものである」という言い方がよくなされる。しかし、私は、人間関係といっても、男性と男性、異性間、女性と女性の人間関係を同じ水準で論じてよいかどうかと、いつも考えてきた。

四〇年前には「ジェンダー」という概念は、いまほど一般的に使用されていなかった。後年、改めて、社会学的に考えてみると、この四つのフレーズはなかなか的をついている言説なのではないかと思うようになった。それは、この四つのフレーズを、人間関係において気にしなければならない要素に関する仮説として採用すると、男女がかかわる人間関係の様々な局面が解釈できそうなのである。

①男からみた男

「男にとって男は力」とは、男性同士の人間関係においては、「力」に象徴される上下関係が重要な要素であることを表現している。平たく言えば、男性は、「力」というものによって、ランク付けされている。そのランクが男性同士の人間関係の基礎となっている事実を端的に表したフレーズだと解釈している。

男性同士が初対面で会った場合、まず気にするのが、相手と自分の上下関係である。日本社会においては、呼び名も、力の上下関係によって決まってしまう。目上のものに対しては、必ず、「さん」「先生」等の敬称をつけなければいけないし、同等か目下の場合にのみ、「くん」や「呼び捨て」で呼ぶことが許される。ある程度関係ができていて、男性が同等や目下の男性に「さん」づけすると、不自然に感じられる。相手をどう呼ぶかによって、二人の間の力関係が表現されてしまう、ということは、相手との力関係が決まらないと相手を名前で呼ぶことすら難しくなるということで、これが男性同士の関係である。

もちろん、男性同士の上下関係を決める「力」にはいろいろな要素が含まれる。子どもの世界では、文字通り「腕力」が上下関係の基準になっているし、小学生なら「スポーツ」のうまさやリーダーシップが重要になる。大人になったら、一般的に「社会的地位」と呼ばれるものが、男性同士の上下関係に関わってくる。社会的地位は、年齢（年齢と密接に関係した、入学年や卒業年、入社年次による序列）、学歴、役職、年収など様々な要素がミックスされて、上下関係が決まってくる。そして、その序列は、「社会的常識」というものでだいたい決まっており、それを踏み外すと、相手の気分を害してしまう（例、ランクが下だと思っている男性から名前を呼び捨てにされるなど）。

男性同士だと、この「力＝社会的地位」の序列の中での位置がはっきりしないと、関係が安定しない。お互いに「さん」同士で呼び合うなど、お互いの上下をあいまいにしたままの関係は、しっくりこないのだ。社会学者のゴッフマンにならって言えば、男性同士の人間関係の基本フレームということができよう。お互いの力の上下関係を了解しあった後に初めて、お互いの役割関係やコミュニケーション関係を構築することができる。

男性同士の友情と呼ばれるものは、通常、この力関係が同等と認め合ったもの同士に成立する。男性同士で、同級生や同期であることが重視されるのは、このためである。二人の「力=社会的地位」が離れていると、いくら趣味や性格が一致していても、なかなか対等な友人関係になりにくい。その場合、例えば、父子、師弟、親分-子分関係のように一方が教えたり、保護したり、命令したりする関係になりがちである。また、同僚だと思っていた友人の一方が昇進するなどして両者の力のバランスが崩れたと感じたとき、友情関係にひびが入る事はよくある話である。

②男からみた女

「男にとって女は美」とは、男性が女性を評価する場合、「美しいか、どうか」という点に目が行ってしまうことにある。そして、その美には序列がある。つまり、女性は、「美」という基準によって、男性によってランク付けされる。それが、男女の人間関係に影響してしまうのである。

「男からみた男」で述べた「力」と同様に、「美」の基準も多様である。時代や文化によって、美の基準、特に、美しいとされる基準が異なってきた。ウンベルト・エーコの『美の歴史』をみれば、その変遷と多様性がわかる。また、同じ社会であっても、評価する男性によっても「美」の基準は異なる。顔立ちに目が行く人もいれば、プロポーション、足の細さ、声の質、すべすべの肌といった外的美しさから、やさしさ、周囲への気の遣い方などの性格上の美しさまで、評価し重視する基準は多種多様なものがある。

しかし、基準が多様であると言っても、二つの事実が厳然と存在することを指摘しなくてはならない。

一つは、個人的な問題である。男性は、相手の女性が「美の一定水準」を越えないと、性的対象とみなさない。つまり、性的興奮を喚起されない。「女性の美＝女性の性的魅力」と置き換えることができるとすると、極端に言えば、性的魅力がない女性は、男性にとって「女性」として意味がなくなるのだ。だからといって、性的魅力がない女性が、その男性にとって意味がないというわけではない。母親や妹、娘は、近親相姦禁忌によって性的魅力を感じてはいけない女性であり、つまり、その男性にとって女性とみなされないのだが、美とは別の部分で、男性にとっては重要人物なのである。

そして、人により多少ずれがあっても、ある一つの社会の中では、だいたい男性にとっての美人の基準は一致している。当該社会の中で、女性は、「美＝性的魅力」によってランクづけされる。これは、男性が男性をランク付けする基準（社会的地位）と構造が似ている。そして、女性のランク付けは、男性社会（男性にとっての人間関係）にとって大きな意味をもつのである。

かつて、ベストセラーになった『見栄講座』（ホイチョイ・プロダクション）の中に、男性にとっての彼女は、女性にとってのブランドものに相当するというフレーズがある。

男にとって女は、ブランド物の装身具と同じで、高級品を身につけていればいるほど、周りから尊敬されます。ですから、独身の男たちはひとり残らず、毎晩枕元で「とびきりいい女と結婚できますように」と、神様にお祈りをしているのです。でも、世の中、美人の総数には限りがあります。男はどこかで妥協して結婚しなければなりません。結婚を前にして、悪友から「おまえ何であんな不細工なのと結婚するの？」と、鋭く突かれたとき、もしも結婚相手が見るからに仕事のできそうなキャリア・ウーマンだったなら、男は、「外見で選んだんじゃない。才能で選んだんだ」みたいな弁解をして、得心のうちにゴール・インできるはずです。（ホイチョイ・プロダクション『見栄講座』）

バブル経済期、より高価で新しいブランド品（バッグや靴など）を身につける若い女性が、同じ女性の中で評価される時代があった。つまり、より高価で新作のブランド品を身につけていることは、女性の間で自慢の種となり、もっていない女性から羨望の目で見られた。同様に、男性が美人というランクの高い女性を妻や彼女にすることは、男性社会の中での自分の評価を高める。つまり、美人（社会の中で性的魅力をより多く持つ女性）を彼女（もしくは妻）にしている男性は、周りの男性に対して自慢でき、他の男性から羨望のまなざしでみられるのである（ただし、引用した『見栄講座』では、結婚にあたってキャリア・ウーマンであることが一つの魅力として評価されることがあることを示している）。

つまり、女性は男性社会の中でその「美＝性的魅力」によって序列化される。そして、その「美＝性的魅力」は、男性社会の中で価値を持つ。ランクの高い女性の美（性的魅力）を独占（彼女や妻として）している男性は、男性の中で評価されるという構造が、男性の中にビルトインされている。そして、それは、男性の社会的評価と連動している。男性は、自分の社会的地位にふさわしい美を持った女性を妻や恋人に持ちたがる。逆に、自分よりも社会的地位が低いと思っている人の彼女や配偶者が「美人」だった場合、多くの男性は不愉快を感じるものである。

③女からみた男

次に「女にとって、男は気はやさしくて力もち」を解釈してみよう。ここには二つの基準、「力」と「やさしさ」が入っている。

「力」は、「男からみた男」の項で解説したように、男性間の上下関係を決める基準を表す。その比較は、女性自身の力との比較ではない。女性の男性を評価する基準が「力」ということは、女性は男性を評価する際、男性の中でのランクが高い男をよいと評価するということになる。当の男性が、男性の中でどう評価されているかを気にするのである。もちろん、その場合、何をもって力とするかという基準も、人によって、また同じ人でも年齢によって異なるだろう。いいなと思う男性が、スポーツのできる人だったり、集団のリーダーだったり、長じては社会的地位の高い人だったりする。いずれにせよ、女性が男性を評価する基準が、男性が男性を評価する基準と等しいことに注意しておく必要がある。

ただ、いくら力がある、つまり、社会的地位が高い男性であっても、自分に対して興味がなければ当の女性にとって意味がない。自分に対して、どれだけやさしいか、つまり、関心を持ってくれるかどうかが、第二の評価基準である。私は男性だが、女性は相手の男性がどれだけ自分に関心があるかについてとても「関心」がある存在だと感じざるを得ない。誕生日を覚えている、ヘアスタイルやメイクを変えたら気づいて指摘する、アクセサリーや洋服をほめるなど、自分に関心を寄せている証拠をみせると、女性はとても喜ぶ。ただ、女性に対して親切にすればいいということではない。自分に関心があるか、それも他の誰よりも関心があるかどうかを女性は重視すると言えそうだ。

男性は、自分に対して興味があるかどうかよりも、物理的に女性を独占、つまり、所有しているかどうかが重要である。つまり、男性は女性の行動、そして、身体そのものを独占したがり、女性は、男性に関心をもたれること、つまり、男性の心を独占したがるように見える。

④女からみた女

女にとっての女は「謎」であるという。女性が女性を評価する基準はよくわからないということだろう。女子学生たちに、どういう女性が女性の中で評価されるかを聞いてみたところ、「気が合う」「センスがいい」「素敵」「やさしい」というような曖昧な答えが返ってきた。男性のように、社会的地位による上下関係を気にするようでもないし、美しさといった基準で判断しているわけではない。

このフレーズの作者は、多分、男性なのだろう。男性である私にとっても、女性同士の関係は謎である。父‐息子関係は、力比べをしてしまい、対等で親しい関係になりきれないのに対し、母‐娘関係は、どちらが上で、どちらが下かといった基準は、あまり問題にならないように見える。年の離れた友人ができ親しくなると、お互い下の名前、多くは「ちゃん」づけで呼び合うという関係は、男性同士ではあまり見かけないが、女性はよくある。といって、女性同士の関係がすべてうまくいくというわけではなく、好き嫌いが何で決まるかはっきりしないので、男からみると不思議である。

この点に関しては、男性として育っている私はなかなか理解できない。また、社会学やジェンダー論など学術的分野でも、女性同士の関係性に関する言及、論文は少ない。

†男女の「非対称性」

このフレーズに見られる人間関係の四つの枠組みを使っただけで、おもしろい男女関係論が展開できる。そして、この議論のポイントは、男女関係は単純に入れ替えられないところにある。これを学術用語で言い換えれば、「非対称性」と呼ぶことができる。

男性に人気がある（自分がこうありたいと思う）男性は、女性にも人気があるが、女性に人気がある女性は、男性に人気があるとは限らない。男性に対する両性の評価基準は、ほぼ一致するが、女性に対する評価基準は、男女で大きく異なっているからである。

先ほど述べた通り、父‐息子関係は親しくなりにくいのに、母‐娘関係が親密になる傾向とか、女性は男性を恋人（候補）と友人に分けがちだが、男性は女性と親しくなると、恋人と区別できなくなる傾向がある。

この非対称性は、様々な領域でみられ、男女間での「誤解」が生じる一つの原因になっている。

「はじめに」で述べた「女性専用車両」を例にみてみよう。日本では、ラッシュアワーなどで混雑する通勤電車に「女性専用車両」を設ける路線が増えている。これに関しては、導入当初から、男性差別ではないかなど様々な議論があったものである。何より、女性専用車両があって、「男性専用車両」がないという事実は、まさに男女関係の非対称性、特に身体接触に関わる非対称な現象なのである。

ある女性研究者は、「男性だって見知らぬ女性と接触するなんていやでしょう」と発言した。つまり、女性は見知らぬ、つまり、自分と関係がない男性との身体接触を嫌悪する。だから、男性も関係のない女性と接触するのは嫌に違いないという指摘である。男女とも、同性との接触なら耐えられるが、異性との接触は嫌だという対称性が前提とされている。しかし、現実はこの女性研究者の思う通りではない。

ある男子学生が、女性専用車両に女性しか乗れないのは差別だと発言した。そこで、彼に、「では男性専用車両があればいいのか」と聞いたら、「そうではない、酔って不潔なおじさんが満員電車で隣に来たら僕もいやだ。だから、おじさんのいない女性専用車両に、僕のようなおじさん嫌いな人が乗れるようにしてもらいたい」ということである。そんなふざけたこと言うな、と思われる女性は多いかもしれないが、実は彼の発言は、身体接触における男女の非対称性を如実に反映している。調査にもあるように、多くの人、男性でも女性でも、満員電車で隣にくるなら、男性より女性の方がよいと思っているのだ【図表1-1】。この身体接触における男女の非対称性に関しては、介護・ケアをテーマにした第7章で詳しく考察する。

図表1－1　満員電車で隣に来るのは男がいいか女がいいか

(1) 男性からみて好ましいか不愉快か

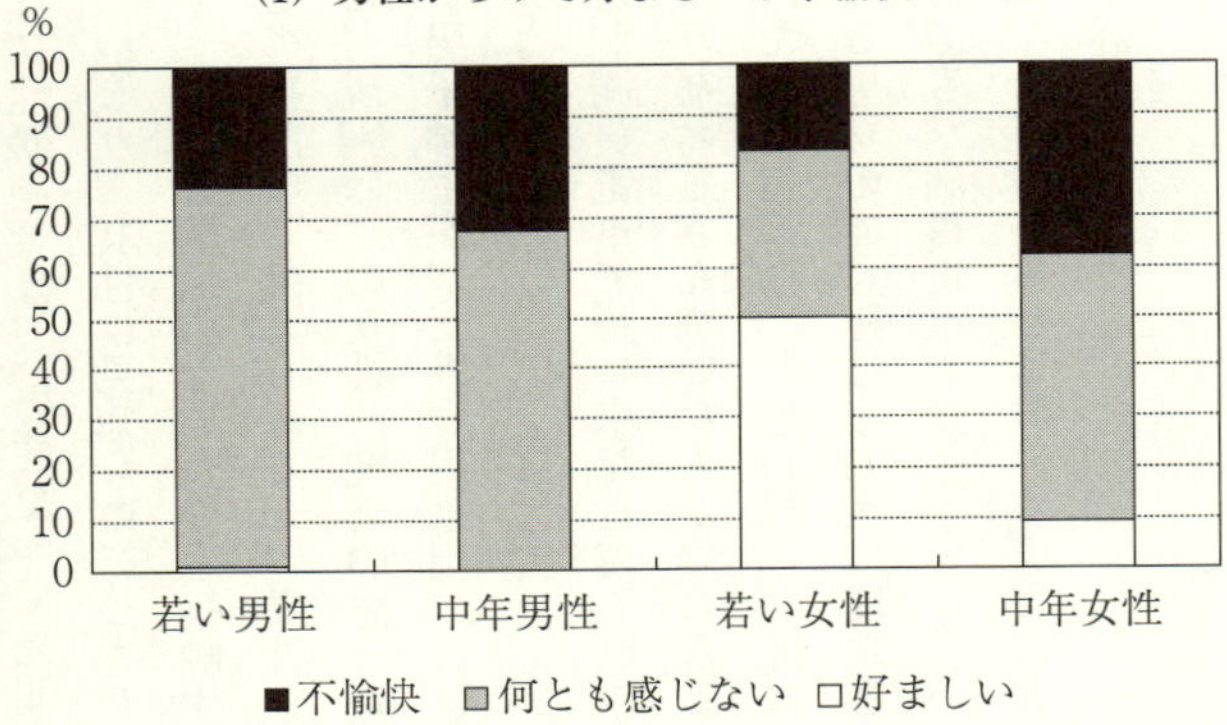

(2) 女性からみて好ましいか不愉快か

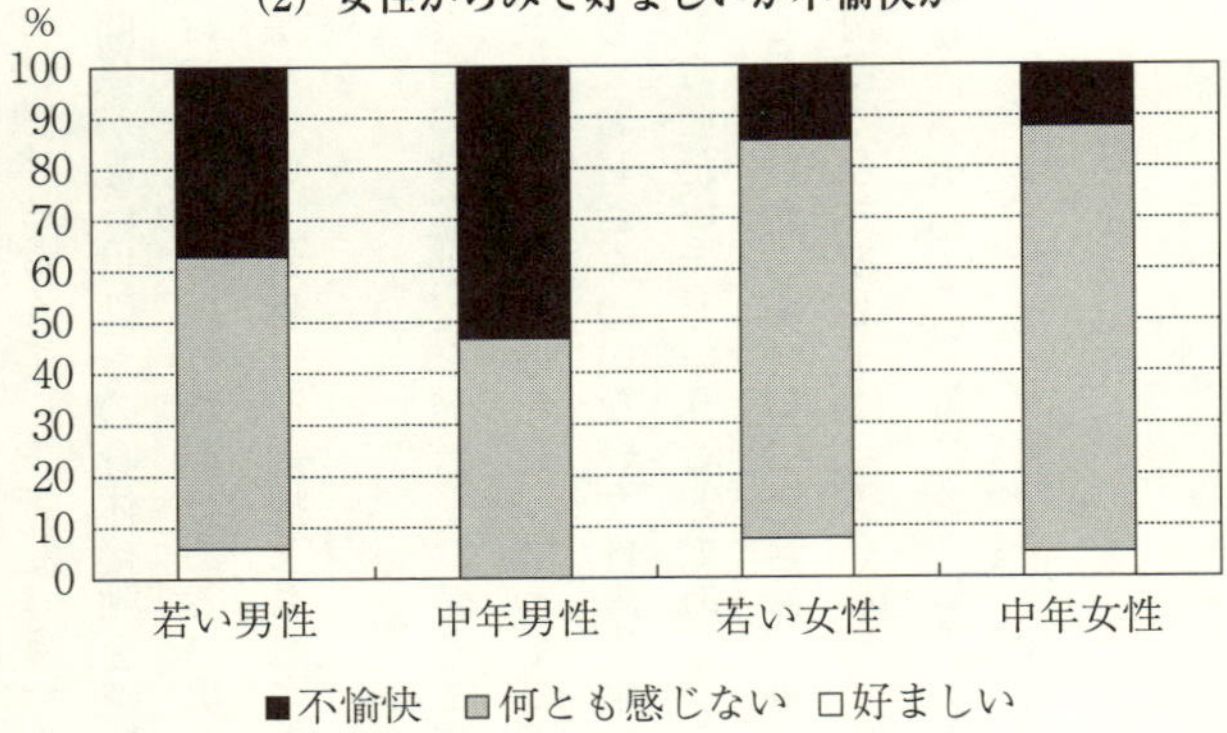

出典：『家族生活と介護意識・身体接触に関する調査』1995年

2　男と女とどちらが得か――男女の損得の非対称性

†男が得か、女が得か

男性と女性と、どちらが得だろうか。女性差別といわれているが、男性だって差別されているのではないか。いやいや、いまだ女性の方が不利益を被っている、不自由だといった議論がなされている。

女性に参政権がなかった時代は女性が差別されていた、といっても誰も異議を唱えないだろう。世界で一番最初に女性参政権が認められたのはニュージーランドで、わずか一二〇年前の出来事である。日本では、第2次世界大戦後すぐで、七〇年前の出来事であり、今でも女性に参政権がない国もある。現在、公の領域であからさまな差別はなくなっても、女性が差別され、女性であることで不利益を被っているという主張は根強い。

よく、女性差別への反論の一つとして、今の社会では、男性の方が「不利益」を被っているという主張がある。例えば、統計データをみても、平均寿命は女性の方が長いし、自殺者数は男性が圧倒的に多い。ホームレス、いわゆる野宿者もほとんどが男性である。社会的ひきこもりも男性の方が多い【図表1－2】。意識調査のデータ、例えば、内閣府が毎年行っている世論調査でも、「とても幸せ」と答える割合は、年代別にみても女性の方が常に高い【図表1－3】。また、他の調査でも、幸福度など主観的な満足度は常に女性が男性を上回っている。この状況はアメリカでも同じで、『男性権力の神話』（ワレン・ファレル著）では、男性が不利益を被っているというデータが、これでもかというくらい紹介されている。

一方、女性の方が不利益であるというデータも数多く存在する。日本では、貧困率は女性の方が高い。女性はホームレスになれないくらい弱い立場であるという主張もある。大学進学率、平均賃金も女性は男性に比べ低い。管理職比率、国会議員比率、自治体首長率など、指導的立場にいる女性比率では日本は世界的に見ても極端に低い【図表1－4】。意識調査をみても、女性の方が損をしていると思っている女性は多い。また、「生まれ変わるならどちらの性に生まれ変わりたいか」という質問では、「女性に生まれ変わりたい」という男性はほとんどいない（六パーセント）のに対し、「男性に生まれ変わりたい」という女性は、近年減少傾向にあるとはいえ、まだ多い（二三パーセント）【図表1－5】。多く

図表1－2　男性が不利であるというデータ

	男性	女性
平均寿命[1)]	80.79歳	87.05歳
自殺者数[2)]	16681人	7344人
ホームレス数[3)]	8933人	304人
ひきこもり男女比[4)]	66.1％	33.9％

出典：1）2015年厚生労働省　2）2015年警察庁　3）2013年厚生労働省　4）2010年度内閣府調査

図表1－3　男女別「どの程度幸福か」

問　現在、あなたはどの程度幸せですか。「とても幸せ」を10点、「とても不幸」を0点とすると、何点くらいになると思いますか。

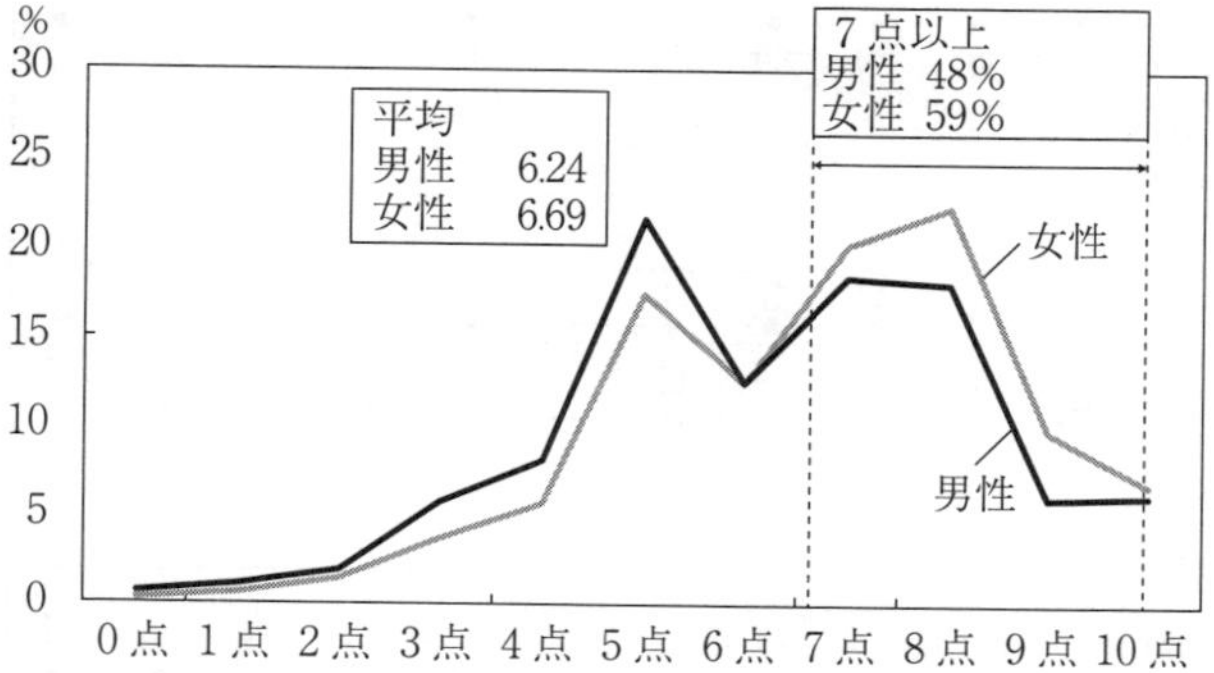

出典：2009年内閣府「国民生活選好度調査」

図表１－４　女性が不利であるというデータ

	男性	女性
貧困率[1]	22.9%	28.1%
大学進学率（４年制）[2]	55.4%	44.7%
管理職比率[3]	89.4%	10.6%
国会議員比率[4]	90.6%	9.6%
平均賃金[5]	100	71.3
非正規社員率[6]	22.0%	55.5%

出典：１）2007年国民生活基礎調査　２）2015年文部科学省　３）2010年国勢調査
４）2014年衆議院　５）2013年厚生労働省、男性を100とした場合の女性の所定内賃金
６）2016年４－６月総務省労働力調査

図表１－５　生まれ変わるとしたら男がいいか女がいいか

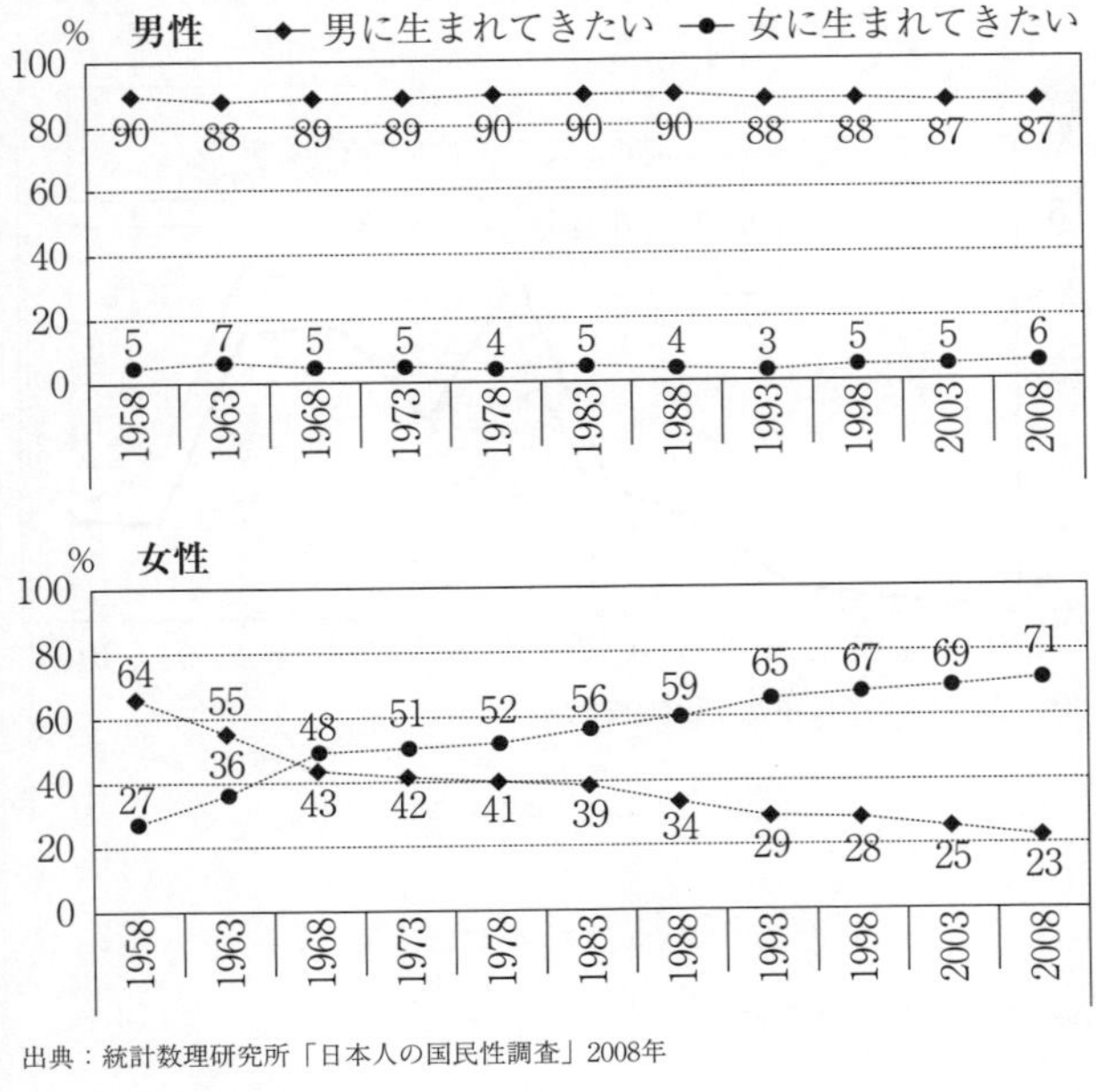

出典：統計数理研究所「日本人の国民性調査」2008年

の人々から見れば、いまだこの世界は、男性の方が生きやすいと思われている。

プライベートな領域でも同様だ。「うちでは妻の意見が通る」というように、日常的な夫婦の力関係では妻の方が強いという話がよく出てくるのも事実である。しかし、データ的には夫婦間暴力やデートＤＶは男性が振るうものが圧倒的に多い【図表１－６】。

このように、いろいろな統計データや事例を持ってきて、男性の方が得、女性の方が得といった一般論を展開して判断するのは、無意味なことだと言う人もいるだろう。確かに自殺する女性もいれば、管理職になれない男性もいる。このような統計データは、その裏側にある男性であること、女性であることによって生じる様々な「生きにくさ」があぶりだされ、集計されてでてきたものである。単独でデータを出して、どちらが得か損かを判定する材料にはならない。だが男女別の統計的平均データは、その背後に存在する「男性や女性に特有の経験」を考察する場合、意味のあるデータとなる。また、男女を自由に選べない以上、自分が別の性だったらという仮定も想像上の意味しか持たない。

個別の領域での損得はある。一人旅をしたいという女性は、危険が男性よりも大きいという意味で、男性に比べ損をする。家事専業で一生送りたいと男性が思っても、そのような男性と結婚したいと思う女性は極めて少ないため、専業主婦になりたいと思う女性に比

図表1－6　異性からの暴力

（1）配偶者からの被害経験

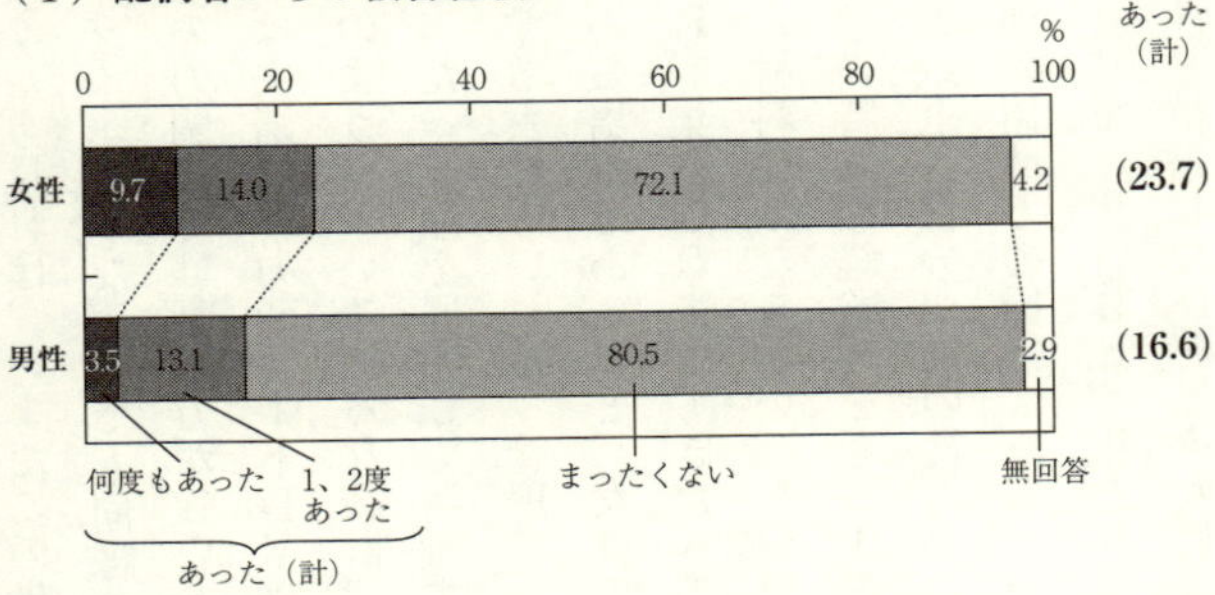

出典：(1)(2)ともに内閣府「男女間における暴力に関する調査」2014年より作成。
注1）集計対象者は、全国20歳以上の無作為抽出。女性1,401人、男性1,272人。
注2）「身体的暴行」、「心理的攻撃」、「経済的圧迫」及び「性的強要」のいずれかの被害経験について調査。「身体的暴行」：殴ったり、けったり、物を投げつけたり、突き飛ばしたりするなどの身体に対する暴行を受けた。「心理的攻撃」：人格を否定するような暴言、交友関係や行き先、電話・メール等を細かく監視したり、長期間無視するなどの精神的な嫌がらせを受けた、あるいは、あなた若しくはあなたの家族に危害が加えられるのではないかと恐怖を感じるような脅迫を受けた。「経済的圧迫」：生活費を渡さない、貯金を勝手に使われる、外で働くことを妨害された。「性的強要」：嫌がっているのに性的な行為を強要された、見たくないポルノ映像等を見せられた、避妊に協力しない。

（2）執拗なつきまとい等の被害経験

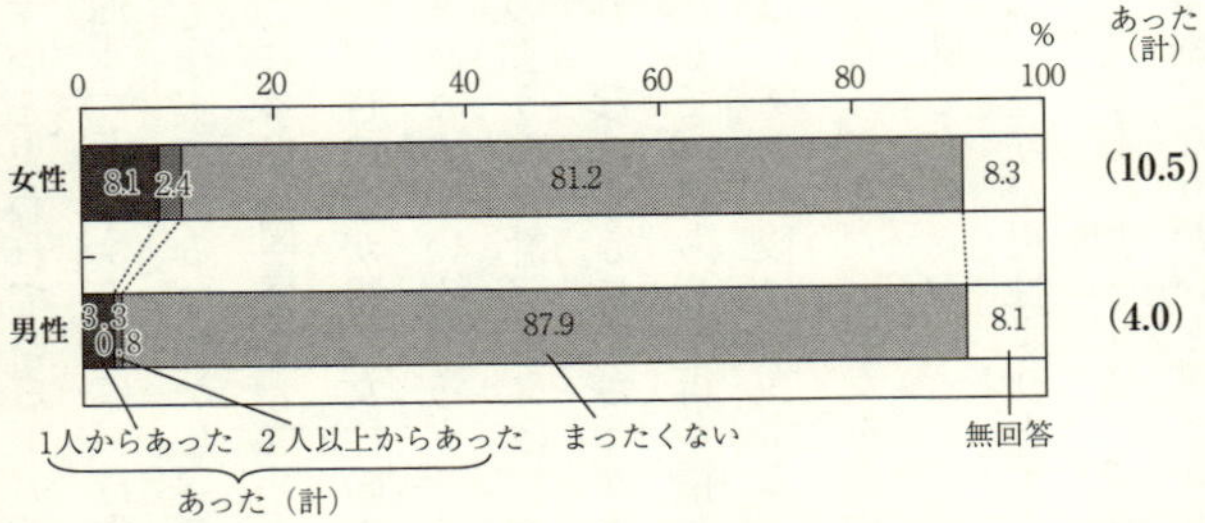

注1）データは「特定の異性からの執拗なつきまとい等」。ある特定の異性から執拗なつきまといや待ち伏せ、面会・交際の要求、無言電話や連続した電話・メール等の被害のいずれかとして聴取。

べて損だと思うだろう。同じ願望を抱いたとしても、男性、もしくは、女性であることによって、得になったり、損になったりするケースがある。

また、次のようなケースもある。身長が高いという特徴をとってみよう。男性にとって、身長が高いことはさまざまな領域で得する事が多く、逆に、身長が低いとさまざまな領域で損をする。男性にとって重要な意味をもつ、スポーツにおける競争では、一般的に高身長の方が有利である。そして、女性に対するモテ方が違う。恋人や結婚相手を探す際に、高身長の男性は有利であり、低身長の男性は不利である。一方、身長が高い女性はそれで得をすることは少ない。身長が低いからといって男性にもてず損をするということはあまりない。高身長女性は、恋人として避けられるケースもみられる（といって、身長が高い女性が好きという男性もいるので、この点に関しては一概に不利とも言えないが）。「身長が高い」という個人に特有の性質なのに、男性であればプラスに働き、女性であればプラスには働かないという「社会構造」が厳然と存在している。

いわゆる正社員と非正規社員のケースも似たような状況が存在する。男性の非正規社員の幸福度は正社員男性に比べ低い。しかし、女性の非正規社員の幸福度は正社員女性に比べてむしろ高くなることが、調査から分かっている。

人間としてみれば同じ属性なのに、男女によって、その損得が逆になることがある。つまり、男女の生き難さに「非対称性」があるということだ。ここに注目しなければならない。その違いは、われわれが生きている社会のジェンダーに関する社会構造、つまり、男女に関するさまざまな制度、慣習、意識によってもたらされている。この実態を考察していきたい。

3 本書の目的——批判にこたえて

今日存在する男性と女性の生き難さの構造的違いを明らかにすることが、本書の目的である。まず、男性であること、女性であることによって、人々はどのように異なった経験をするかについて考察していく。

ここで、具体的な考察に入る前に、本書の議論に対して今までの経験から予め想定されるいくつかの批判について検討しておこう。「男性はこのような性質をもっており、女性はこういう性質をもっている」という議論に対しては、二つの方向からの批判がある。それは、①本質論になっているのではないか、つまり、男性や女性の多様性を無視しているのではないかという反論と、②男女にレッテルを貼って、その役割を固定化させ、変革の可能性を摘んでいるのではないかという疑問である。

「多様性を無視しているのではないか？」

まず、多様性に関する疑問に答えておこう。社会学は、社会構造やその変化が、人々の行動や意識にどのように影響しているかを考察する。ただ、その影響力に関しては個人差がある。つまり、全ての人が同じように影響をうけるわけではない。

冒頭の「男にとっての男」等で示した男女関係の四類型に関しても、このフレーズが示す枠組みから外れた例外も多くあるわけで、このフレーズで全ての男女関係が説明しつくせるわけではない。力が隔絶した男性間で友情が成立することもあろうし、外見が美しくない女性に惹かれる男性もいるし、社会的力のない男性を好む女性もいる。ある放送作家の女性と座談会をした時、彼女は二〇代前半は年収二〇〇〇万円以上の男でなければつきあわなかったが、三〇を超えた今では年収一〇〇万円でもやさしく気がきく男とつきあっているという話をしていた。そういうケースもあろう。

また、最近、同性愛やトランスジェンダーなど、男女のカテゴリー自体にゆらぎが生じている。あらゆる関係を、男‐女、男‐男、女‐女、三種類で説明することはできない。男性‐男性関係でも、「ゲイの男性とストレートの男性」「ゲイの男性同士」の関係性の枠組みは、「ストレートの男性同士」とは異なってくるだろう。

しかし、冒頭の「男にとって男は力――」という言説に納得する人は、やはり多いのではないだろうか。このフレーズが、男女関係に関するある一定のリアリティを反映していることは間違いない。それは、われわれが生活している社会の「社会構造」が影響しているからである。

少し専門的に言えば、われわれが生きている社会は、男女という区別を作り出し、さらに、男女の特質、そして、男女の関係性の特質も作り出している。そして、われわれは、その社会構造から逃れられない。「力のない男性を好きになる女性」は存在するかもしれないが、それは「例外である」という枠組みでわれわれは認識してしまうのだ。

社会学は、ある現象の全体的傾向を、その背後に存在している「社会構造」を明らかにして、変化する方向性を探るという方法をとる。

例外研究は、また、別の方法で扱えばよいし、多くの研究成果が出ている。社会学では、少数の例をもってきて、全体的傾向にするわけにはいかない。ある時、ある精神療法の先生が、「最近の若い男性は、ちゃんとセックスができない人が多くなってきた」と言っていた。私は、「そういう人が、先生の周りで増えてきたのは、そういう人が精神科の門を叩くようになっただけかもしれませんよ」と答えておいた。そのような事例が、社会構造の変化によるものなのか、たまたま例外としてあるのかを判断分析するのも社会学の課題の一つである。

†「レッテル貼りではないか?」

次に、本書で語りたいことは、男はこうだ、女はこうだ、男女関係はこのようなものである、とレッテルを貼ることではない。「男性に誘ってほしかったら、ミニスカートをはけば成功率は高まる。どんなまじめな男性でも、ミニスカートには弱いんだから」という私の発言に、あるフェミニストの女性が反発し、反論されたことがある。「恋愛相手を外見で選ぶことはいけないことだ。それを助長するようなことを言うのはよくない」と。恋愛相手を外見で選ぶのがいいことか、悪いことかは、それぞれの価値観に関わることである。ただ、私が明らかにしたいのは、事実として、多くの男性は、まず外見で恋人を選んでいるという現実である。これは、事実命題なので、いたしかたない。価値観や倫理観とはまったく別の次元の問題なのだ。例外があることを十分認識した上で、「こういう傾向性がある」という事実の指摘に目くじらをたてる必要はないはずだ。

われわれは、たまたま、男、もしくは、女に生まれているし、二一世紀初頭の日本社会に生活している。現在、男であること、女であることによる様々な「社会的制約」が存在する。それは、「男性は恋人を外見で選ぶ人が多い」という制約がある社会でもある。外見に自信のない女性は、確かに、男性から声をかけられるチャンスが少ないという意味で不利益を被っている。

不利益を被る人がいるのは、社会的制約条件が存在するからだ。だから、社会的制約条件をなくせばよいというのが、通常の考え方かもしれない。女性が不利益を被るのは、男性が女性を性的対象としてしか見ていないからだとか、全ての男性が恋人を中身（中身の差が何かは問われないかという新たな問題もでてくる）で選ぶようにすれば、外見に自信のない女性が幸福になれるとかというのは、一見筋が通っているように見える。

しかし、全ての社会的制約や抑圧、不利益をなくせば、すばらしい社会が到来するのだろうか。哲学者ジャン・ポール・サルトルは、『自由への道』の中で、パリの人々が一番生き生きしていたのは、パリがナチス・ドイツの占領下にあった時期だと述べた。ナチスの占領の下、人々は秘密の組織を作り、連帯を確かめ合い、自分たちのできる範囲で工夫して、占領軍への「抵抗」を試みたという。つまり、ナチスの占領という「社会的制約」があり、それが明白な形で見えていたがゆえに、生き生きと振る舞えたのである。また、フランスの社会学者レイモン・アロンが一九七〇年代の学生運動を評した際、今の学生は、何に怒っていいのか分からなくてかわいそうだと述べた例もある。

それに、そもそも抑圧を全てなくすことが可能だろうか。私にはそうは思えない。ならば、かわりに何が可能だろうか？

社会的制約を明らかにすることは、自分の置かれている枠を明らかにすることである。その枠を明らかにしてこそ、枠を飛び出る自由、および、枠の中にとどまる自由を得る。枠が見えていないうちは、何が自分を縛っているかが分からないために、右往左往しがちである。一見自由なようでいて、実は、あちらこちらで様々な枠にぶつかっては、どうして自由ではないのだろうと嘆くことになる。

社会学の役割は、見えなかった枠を明らかにすることだと思っている。それが、人生の多様な選択肢を可能にする条件となる、つまり主体性につながるのだと思う。

本書では、現代日本に存在している男女関係における「枠」を明らかにしていきたい。その枠から飛び出るのも、枠の中にとどまるのも本人の自由である。枠を変更するように社会運動を起こすのもよい。しかし、枠の存在を指摘することを非難しても何にもならないのだ。

最近、男女平等に関する講演に招かれることが多い。ある地方で講演が終わった後、ひとりの高齢男性が、「女性学を学ぶようになって初めて「ジェンダー」という言葉があることを知りました。そして、たまには、妻にお茶を入れるようになりました」と感想を述べていた。「男はお茶を入れるものではない」という規範が強い風土の中である。彼は、生まれてこのかたお茶など入れたことがなかったそうだ。規範が意識化され、規範の存在に気付くと、選択の自由を得る。もちろん、規範が意識されたからと言って、みながおかしいと思い、規範がなくなるわけではない。それによって利益を得ている人もいるからだ。しかし、規範が意識されれば、それがおかしいと思う人が出てくる。そして、その規範が非合理であれば、非合理性を正そうとする人も出てくる。本書で現代日本に存在する「男女関係の制約条件」を明らかにしていきたい。それによって、さまざまな選択肢の存在に気づき、ささやかな変革(枠からの飛び出し)を起こす人が出てくれば大きな喜びである。

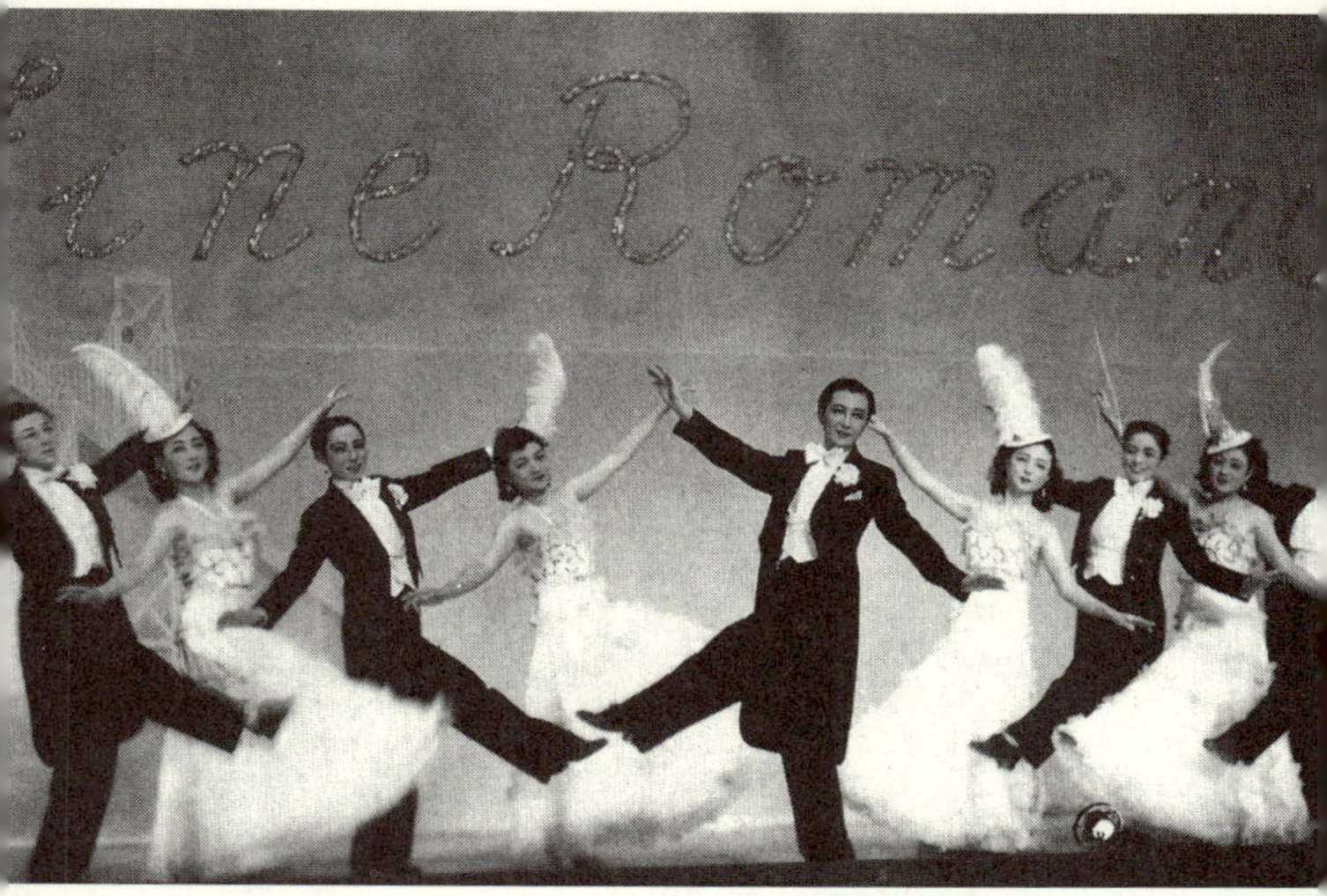

第２章
男らしさ・女らしさとは何か？

1947年雪組公演、『夢を描いて華やかに 宝塚歌劇80年史』より

1 男らしい女、女らしい男——身体的性別《sex》と社会的性別《gender》

†男らしい女は、男なのか女なのか？

多くの人間は自分の性別には疑いを抱かない。同時に、日常的に会ったり、見聞きする人の性別にも疑いを抱くことはまずない。性別は、それほど、空気のような存在なのである。われわれは、回りの人々を、とりあえず、男女に分類して考える。それは、身近な知っている人だけではなく、見知らぬ人にまで及ぶ。

例えば、電車や人混みの中で、服装と髪型では男女の判断がつかない人を見かけたとしよう。そこで思うのは、その人は、果たして、男らしい女なのか、女らしい男なのかということである。胸のふくらみとかひげ剃り跡の有無など、必死に性別の特徴を探し出そうとする。どちらかに判断が落ち着いた時、「ほっとする」体験がある人も多いだろう。

男らしい女、女らしい男、よく使う表現であるけれども、よく考えてみると、少々おかしい所がある。男らしい女とは男性的特徴を持っている「女性」であり、女らしい男とは、女性的特徴を持っている「男性」ということになる。男らしさ、女らしさと、男性であること、女性であることは、まったく別の次元にあるということを、みんな分かっているのだ。つまり、何パーセント男性的だと男性、何パーセント女性的だと女性と決まっているわけではない。背が高い、力が強い、筋骨隆々、声が低いなど九九・九パーセント男性的特徴があっても女性であることも考えられるし、逆の場合もある。

では、男らしさ、女らしさとは別次元で、「男性である」「女性である」ということはどこで決まるのだろうか。

ここで多くの人は、外性器の差こそが決定的な基準であると考えるだろう。男性はペニスを持ち、女性はヴァギナを持つものである。背が高いなどその他の基準は、「らしさ」レベルの問題である。ただ、ペニスを持つ人は、どんな女性的特徴を持とうとも男性であり、ヴァギナを持つ人は、どんなに男性的特徴を持とうとも女性であると言い切ることができれば話は簡単だ。

フェミニズム（女性解放論）の論点で、強調されてきたのもこの点だ。SEX＝自然に存在している身体的性別、GENDER＝社会的・文化的性別（男らしさ、女らしさ）を区別し、SEXは普遍で固定的だが、GENDERは、可変的であり、なくすことができるという立場をとるものが多い（例えば、アメリカで使われているフェミニズム系の子供向けのテキスト'*What is a girl? What is a boy*'はこの立場である）。

†自然に存在する身体的性別の多様性

一般的に、男か女かは生物学的に決まっていると考えられている。確かに、身体的特徴をみると、「平均的に見れば」男性の方が背が高く、体格はがっちりとし、女性は胸が大きい。自然な身体的な男女の特徴があるようにみえる。

しかし、ここで考えてみよう。「自然に存在する性別による身体的特徴」は、かなり例外が多い。背が高く体格ががっちりした女性もいれば、背が低く丸みを帯びた男性もいる。障害等で生殖機能を失った女性、男性もいる。身体的特徴のかなりの部分が、「平均的特徴」である。平均身長は男性の方が女性より高い。だからといって、一六五センチ以上は男性、一六五センチ未満は女性と決まっているわけではない。身体的特徴は相対的なものにすぎず、生物学的というよりも社会的な「男らしさ」「女らしさ」の範疇に入ってしまうのだ。例えば、宝塚歌劇団では、宝塚音楽学校卒業時に自分で男役、娘役を決めるのだが、現在はだいたい一六五センチが境界になっていると聞く。つまり、一六五センチ以上だと男らしいから男役になるのだが、もちろん、女性が演じているのは周知の事実である。すると、先に述べたように「外性器」の違いが、最終的な基準のように見える。背が高い女性、ふっくらとした男性という言い方はするが、ペニスを持った女性、ヴァギナをもった男性という言い方は、通常しない。日常生活の場面では、この定義を使用しても支障はないだろう。しかし、「外性器の性別」にも、実は、曖昧な部分、可変的な部分が存在する。最近のジェンダーに関する根本的な研究では、この曖昧な部分に焦点を当てている研究も多い。その成果の一部を紹介するが、そこで、主に題材にされるのは、半陰陽と性同一性障害（トランスジェンダー）である。本筋から少しそれるが、簡単に説明しておこう。

†半陰陽

半陰陽とは、外性器の形状が男性とも女性とも決めかねる状態を言う。多くは、染色体エラーによって起こる。通常、男性はXY、女性はXXの性染色体を持つが、まれに、XXY（クラインフェルター・シンドローム）、XO（ターナー・シンドローム）の性染色体を持つ人がいる。染色体レベルでも、男女が決定できないケースである。また、染色体が正常でも、ホルモン分泌の関係で、染色体が示す性とは異なった外性器の形状をもったり、中間的な形状をもつケースも存在する。しかし、社会的には産まれたばかりの赤ちゃんを男性か、女性かに分類しなくてはならない。出生届を出さねばならないし、親や周りの人も、どちらかに決めなければ、日常生活に支障をきたす。社会的に半陰陽という性別はないのである。

一度、半陰陽の者が、社会的に、男性、女性のどちらかに分類されると、周囲の人はもちろん、当人も、自分が男性、もしくは、女性という認識を持つようになる。何歳の時に男女の性別意識を自覚するかについては、心理学者の間でも諸説がある。早い学者で生後一年程度、フロイトのように三－四歳のエディプス期とする学者もいる（第6章参照）。しかし、ホルモンなどの影響で、成長して後に、社会的に割り当てられた性と逆の身体的特徴を示すケースがままある。ある例では、女性であると判定された人が、成長後に男性的特徴を示したため、手術によって身体を女性的に改変した。手術前は、自他ともに女性と思いながらも、身体的には、男性的特徴を示しだしたのである。その際には、心の性別に体の性別を合わせた方が、心理的に適応的であると欧米の医学界では考えられている。日本でも、最近、この考え方が定着しつつある。

†トランスジェンダー（性同一性障害）

近年、日本でも、「トランスジェンダー（性同一性障害）」に関する報道がよくなされるようになり、理解がふかまりつつある。自分の身体的性別（性器による性別）とは、反対の性であると自分を認識する人々がいる。彼ら／彼女らをトランスジェンダーと呼んでいる。かつては、性同一性障害と呼ばれたが、障害という言葉が差別的であるとの理由で、性を越えるという意味で、トランスジェンダーという言葉が使われるようになった。

自分では男と思っているのに、女性の性器があり、周りからも、戸籍上も女性として育ってきた人。その逆に、自分では女と思っているのに、男性の性器をもっていて、周りも戸籍上も男性と思っているというケースである。前者をＦＴＭ（Female to Male）、後者をＭＴＦ（Male to Female）と呼ぶことにしている。

彼らは、自分の身体的性別、そして、社会から割り当てられた性別に違和感を覚えながら生活している。そして、自分がそうだと思う性別で暮らしたいと思っている。そして、事実上、戸籍上、外性器上とは別の性別の人間として暮らし始める人もでてきた。これも、半陰陽のケースと同じく、手術によって本人が思っている性に身体的特徴を合わせた方が、

図表2－1　性別変更許可者数

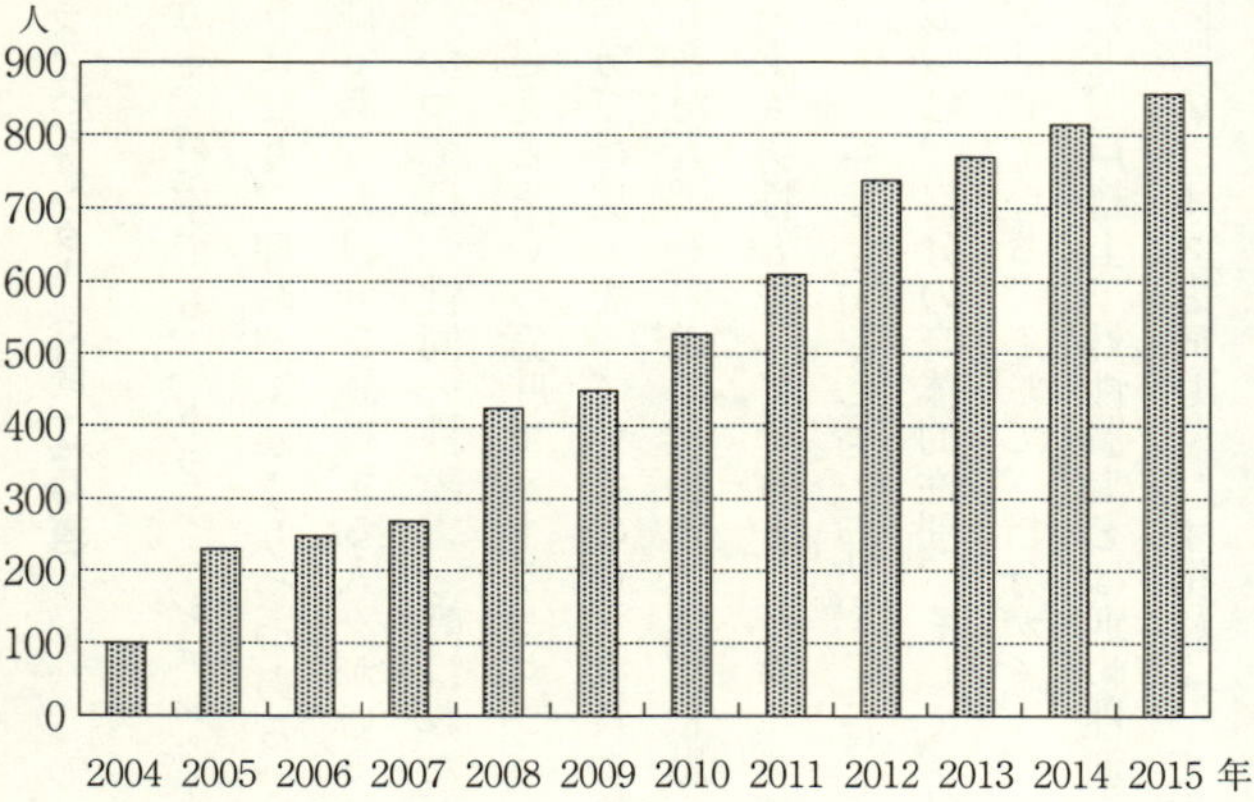

出典：一般社団法人 gid.jp 日本性同一性障害と共に生きる人々の会

自分らしく暮らせると思う人が増え、現在日本は、医療の現場でもこの理由での治療としての性転換手術がすでに行われている。そして、二〇〇四年から戸籍の上でも別の性別への変更、そして、結婚が認められるようになり、その人数は一〇年間で六〇〇〇件を超えている【図表2－1】（この経緯は、上川あや『変えてゆく勇気』に詳しい）。これは、よく誤解を受けるが、ホモ・セクシュアルとは違う。ホモ・セクシュアルは、男性として男性を好きになる、女性として女性を好きになるというケースである。半陰陽者と同じく、トランスジェンダーの性転換手術は、自分を自分らしくする手段としてあるのだ。

†生物学的性差――多様、可変的、連続的

生物学的性差、身体的性差は、確かに存在する。しかし、それは多様で、可変的で、連続的なものである。植物は、通常雌雄同体である。動物レベルでも、両性具有、つまり、男性と女性両方の生殖器を持っている動物も多い。カタツムリなどは、出会った他のどの個体とでも生殖活動(精子を交換して受精)が行えるのである。

また、魚類の一種であるベラは、メスばかりで周りにオスがいないグループがあると、中からオスに変性する個体がでてくる。つまり、メスの染色体をもちながら、オスの生殖器を自ら作り出すのだ。『ジュラシック・パーク』という映画をごらんになった読者も多いだろう。そこでは、人工的に復活させた恐竜は、すべてメスの染色体をもっている。つまり、勝手に繁殖しないように、復活に当たって全ての個体をメスにしたのだ。しかし、卵が孵化したことが発見され、メスが変性してオスになった個体がいるという設定になっている。

すでに述べたとおり人間でも、男性の身体的特徴と女性の身体的特徴は、完全に二つに

区分されているわけではない。男性にも女性ホルモンは分泌される。女性にも男性ホルモンは分泌される。体にまるみがあってもち肌の男もいれば、肩幅広く筋骨たくましい女性もいるだろう。身体の性別による特徴は絶対的なものではなく、ほとんどは「らしさ」のレベルに入れることができるのだ。

2 らしさ規範――アイデンティティとしての性別

†アイデンティティとしての性別

身体的性差や社会的・文化的性差とは別に、われわれの社会には、基本的な性別、自分が男である、女であるという区別が社会的に存在しているということになる。自分で自分がそう思っている性別を「性アイデンティティ（性自認）」と呼ぶことにする。これは、自分が男か、女かという確信をもつことであって、社会生活を送るのに必要な確信である。つまり、社会が、「男性」「女性」カテゴリーを用意し、人間は、そのどちらかでなければ、社会に受け入れられない。個人の側から言えば、どちらという確信をもてなければ社会の中での「居場所がない」ということである。

アイデンティティは、私が私であること、自己同一性、存在証明などと訳されるが、本書では「私がここ（社会）にいていいんだと思うこと」としておく。「社会の中に自分の居場所がある」という感覚、また「自分が必要とされ、大切にされている」という感覚といってもよい。アイデンティティ・クライシスの典型的症状は、「自分は何者か分からない、どこにも居場所がない」と感じることである。

人間のアイデンティティ確認の手段は、さまざまある。近代社会では、仕事をもつこと、家族をもつことで支えられることが多い。その中で「性別」は、アイデンティティの基礎を構成するものとして把握することができる。自分が男か女かという確信をもたなければ、社会生活に支障をきたす。他人や社会は、男性でも女性でもない人を受け入れてくれない。まず、トイレで困るだろう。学校でも困る。（手術前の）トランスジェンダーの人の嘆きが、「自分の居場所がない」ということなのだ。日常生活の多くの部分が性別を前提として組み立てられているし、社会的な居場所も性別を前提にして提供されている。

私は読売新聞で、人生案内の回答者を務めているが、トランスジェンダーの人の相談に回答したことがある【図表2-2】。この質問者のように、われわれの社会では、就職に当

図表２－２　読売新聞人生相談
（2016年２月26日）

性的少数者　就活どう臨む

大学３年生。心と体の性が一致しないトランスジェンダーで、生物学的には女です。就職活動の準備中ですが、エントリーシートの男女の記載をどうするか、スーツは男女のいずれにするかなどで迷っています。

どちらも男を選び、男として社会で生きていきたいと思ってはいます。しかし、僕たちのような人間への理解があるのかわからず、書類不備などとされて選考から漏れる可能性を考えると不安でいっぱいです。かと言って、体に合わせた選択をすると、今後、多大なストレスがたまることは想像に難くありません。

エントリーシートに性別の記載がない企業を探していますが限られます。希望の業界に提出することすらできないかもしれません。

一部の友人にはカミングアウトしていますが、親にはできておらず、相談できる大人、社会人がいません。

（滋賀・K）

たっても、男性であるか、女性であるかを必ず求められてしまうのである。

第４章で詳しく論じるが、「役に立つこと」や「人に好かれること」は、アイデンティティの大きな確認手段である。そうした中で、我々の社会を含む多くの社会では、男として役に立つ存在として評価されることと、女として役に立つ存在として評価されること、男として好かれること、女として好かれることは、他のアイデンティティに先立って優先的に確認される。なぜなら性アイデンティティは、男と女で、社会的に異なって構成されているからである。

性アイデンティティを求めることは、一つの「欲求」と捉えてよいだろう。心理学者マズローの欲求の段階説で言えば、「所属欲求」の一つ、それも基本的な所属欲求に属するものといえる。男であると周りから認めてもらいたい、女であると周りから認めてもらいたいという欲求は、ここに由来する。男でも女でもなくなることは、この社会での居場所を失うことになる。

半陰陽や性同一性障害の所でみたとおり、自分の性別に確信を持つことと、自分の生物学的性別とは、必然的な関係はない。ただ、アイデンティティ（存在証明）は、常に、証明し続けねばならないという宿命を持つ。生物学的に男性（女性）であること（自分のアイデンティティに適合的な外性器をもつこと）は、自分が男性（女性）という確信を持つためには、非常に有利である。

†らしさの規範の機能

そうすると、「らしさ規範」とも言うべきものの存在理由が分かってくる。このらしさ規範は、自分が男性である、女性であることを確信し、周りから認められることを保証するという機能を持つのだ。

男/女らしいとされる規範に従えば、周りは自分を男/女と認めてくれると考える。例えば、「男性は人前では泣いてはならない」という規範がある。男性だって人前で泣きたい時は多いが、泣いてしまうと周りが「男性」と認めてくれなくなるという不安がある。男であるというアイデンティティを保持するため、泣かないように仕向けられるのだ。これが「らしさ規範」である。学生にアンケートをした時に、自分の「男/女らしいところを述べよ」という質問に対し「自分は毛深いから男らしい」という回答があった。まさに、これが「規範」の力である。毛深い女性もいれば、毛深くない男性も多い。しかし、「毛深い＝男らしい」という規範があるため、女性は、女性としてみられるために、「毛を剃ってある、もしくは、脱毛している」という状態に保つ労力を払う必要がある。そして、毛深くない男性のなかには、男なのに体毛が薄いというコンプレックスを感じる人も出てくるのである。

それと同じように、世間で、自分の体質、行動や性格が、男らしい／女らしいという規範に合っていることを確認すれば、自分が男である／女であるという確信を持ちやすいだろう。つまり、男らしい／女らしいという規範に従えば、男／女として自分を受け入れてもらえるという確信は強まる。

つまり、人は、男／女だから、男らしさ／女らしさの規範に従うのではない。男／女であると確信したいがため、男／女として周りから見られたいがために、男らしさ／女らしさの規範を利用するのである。この点は、強調してもしすぎることはない。

厳密に言えば、自分で自分の性を確信することと、他人に自分の性を判定されることは、異なっている。カミングアウトする前の性同一性障害者は、他人が思っている性別と自分が確信している性別が異なっている。つまり、他人からは男性（女性）と見られそのように生活していても、自分は女性（男性）と思っているといった状態である。このケースは、社会学者ゴッフマンが「パッシング」の一つの例として分析しているが、ここでは、自己と他人の判定の違いがあるケースをとりあえずペンディングにしておく。

また、性同一性障害をもつ人は、より男らしさ／女らしさの規範に同調しやすいという。

性転換手術を受けて女性になった元男性は、より女性的身体を誇張し、より女性らしい服装を好み、より性格的に女性らしくふるまうと言われている。それは、自分が女性であるというアイデンティティに不安が残るゆえに、らしさ規範に過剰に従う結果、そのような行動をとってしまうのである。

また、第6章で詳述するが、近代社会では、男性よりも女性の方が、発達論的に言って性アイデンティティの確信を持ちやすいことが知られている(男性は、ペニスを失って女性になるのではないかというおそれを抱いているというフロイトの説がある)。それゆえに、らしさ規範は男性により重くのしかかる。女性は、男性的にふるまっても、自分が女性であることは揺らぎにくいが、男性は女性的にふるまうと、自分が男性であるという確信が揺らぎやすいのである。次章で述べる性別規範の非対称性を説明する一つの理由がこれである。また、ウーマンリブに対抗して生じたメンズリブ男性解放論者の主要ターゲットがこの点にあることは、注目すべき点である。つまり、男であることは、女であることに比較して、より苦労を伴うと主張する論者が女性からもでてくるのである。

3　らしさ規範の恣意性

男らしさ、女らしさの規範の多くは、文化によって恣意的である。服装、遊び、職業、性格などどのような要素を男らしいとするか、女らしいとするか、無関係とするかは、全く文化的な差でしかない。数多くの未開社会の男女のあり方に関するデータを集めた文化人類学者マーガレット・ミードが強調するように、男の子が人形遊びを好む社会もあれば、女性がアグレッシブで男性がおとなしいという社会もあるのだ（マーガレット・ミード『男性と女性』）。

生物学的に決まっていると思われている身体的性差にも、文化的な「らしさ」の要素が入り込んでいる。ほとんどの社会では、社会生活の場面では服をきて外性器部分を隠すことを要求している。つまり、日常的に、他人の外性器は見えないし、見せないようにしている。他人の外性器によって、男女を判断することは事実上できないのである。それでも、われわれは、男女の区分をつけなければ、日常生活が送れない。それゆえ、世界にはさまざまな社会があり、どのような身体的特徴を男性／女性の基準とするかは千差万別である。

図表２－３　人種による体型性差

単位：cm	胸囲平均	胴囲平均	胸囲平均－胴囲平均
男性（米国）	100.5	80	20.5
男性（日本）	92	80	12
女性（米国）	91	72.25	18.75
女性（日本）	83	66	17

出典：数表は、株式会社ユニクロの各国サイズチャートより、男性・女性ともにMサイズ・ヌード寸法の平均値を比較して作成。

私がアメリカに留学していたとき、ある友人（ヨーロッパ系女性）に、日本人などアジア人は外見で性別を区別できないと言われた。彼女は、男は逆三角形、女性は八の字型の体型の図を書いて、ヨーロッパ系、アフリカ系の性別は、遠くからでも、シルエットでも分かるのに、アジア人は、男性でもなで肩で、女性でも胸やお尻の小さい人が多く、服や髪型でしか判別できないと言っていた【図表２－３】。つまり、ヨーロッパ系、アフリカ系の人から見れば、アジア人は男女とも中性的な体つきをしていて区別がつかないと言う。

確かに人種で見ればコーカサス系

（ヨーロッパ人やアラブ人、イラン人など）、アフリカ系（ただ、アフリカ系は多様なので一概には言えない）の身体的性差は際立っている（平均の比較である）。モンゴロイド系（モンゴル人、日本人、中国人など）の身体的性差はそう大きくない。どうしてそうなったかという生物学的説明には様々な説がある。少なくとも、日本では、らしさの基準として身体的特徴を強調しなかった歴史がある。例えば、江戸時代の日本画、特に浮世絵を見ると、人物が男性か女性か判別できないことがある。春画では、絡み合っている相手が、女装した男性か女性か性器をみなければ見間違えてしまう例がある【図表2-4】。この身体的性差が少ないという日本人の特徴を利用して、歌舞伎や宝塚歌劇という芸能が発達したのだと考えられる。筋骨隆々の女形や胸やお尻の大きいフェルゼンだったら興ざめだろう。

余談だが、中国の「浙江歌劇団」では、宝塚歌劇団と同じように、全て女性が演じる。つまり、女性が男性の役も演じるのである【図表2-5】。全く違和感がなく、見に行った日本人がまるで宝塚のようだったと感想を述べていた。これも、同じモンゴロイド系で、男女の体格差があまりないがゆえに違和感が生じないのだ。

このように、通常言われている「男らしさ」「女らしさ」の大部分が文化的産物である。その意味で、「男らしさ」「女らしさ」という性差が、社会によって作られたものであると

図表２－４　「風流艶色真似ゑもん」鈴木春信画、1770年

図表２－５　浙江歌劇団のパンフレット

いうフェミニズムの認識はまったく正しい。

ただし、フェミニズムの論者に指摘されなくても、それは普通の人にも分かっていることではないだろうか。男だってスカートをはけるし、泣く男はいるし、背の高い女性、活発な女の子がいることは、誰でも知っている。

†らしさ規範はなくせるか?

しかし、一部のラディカルなフェミニズム論者が言う「性差は社会的に作られたものであるからそれをなくすべき」という主張には無理がある。「男性はこうである」「女性はこうである」という男らしさ、女らしさの規範が存在することによって、社会的に逸脱という概念が作り出され、一部の男性や女性、双方に不利益をもたらすことがある。しかし、社会的に作られた性差には、不利益以上のものを多くの人にもたらしている。つまり、文化的性差があることによって、多くの人は、その性差に自らを合わせることで、自分が「男である」「女である」という確信を得る。

極端な例を出せば、男性はズボンをはくことによって自分が男性であることを確認し、女性はスカートをはくことによって、自分が女であることを確認する。多くの男性は、ス

図表2－6　らしさ規範と性アイデンティティの関係

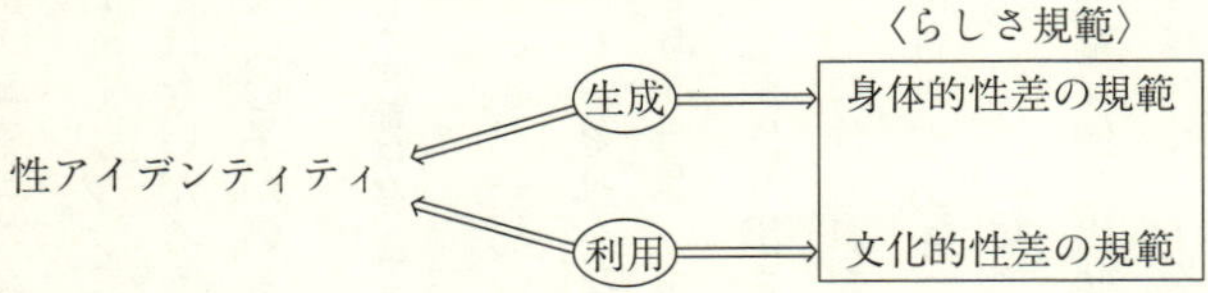

カートをはいてみたいという欲求を抱いたとしても、変な男性として見られる不利益と天秤にかけて、スカートをはかないという選択をするだろう。男性／女性らしさの規範は、逸脱を作り出すためにあるのだ。逆に言えば、逸脱がなくなれば、それを「規範」と呼ぶことはできなくなる。逸脱者を指摘し、違和感を持つ、あからさまに排除するなど、さまざまな手段で制裁（サンクション）を与えることで、男である、女であるという性アイデンティティが保たれるのである。

「男と女がいる」というのが、人間文化の基本カテゴリー（レヴィ＝ストロース）であるならば、男らしさ、女らしさの規範は最低限存在する。社会が、性別を利用して社会を構成している限り、らしさ規範はなくならない。たとえ、それが、外性器の特徴にミニマム化されようとも。**【図表2－6】**

あらゆる性差を撤廃すべしという主張は、らしさ規範を、身体的特徴（SEX）のみに縮小しようとする試みと再解釈することもできる。だからといって、差別はなくならない。なぜなら、「女らしい身体」

をもった男性と「男らしい身体」をもった女性が存在するからである。全ての性差を、外性器の差に解消するのは事実上無理である。裸で暮らすなら、いざしらず、日常的な性アイデンティティの相互確認のために、いちいち外性器を使うことは現実的に不可能である。まさか、私は女です、男ですという看板をぶら下げて歩くわけにもいくまい。

逆に言えば、自分が男として認められたい、女として認められたいという欲求が存在する限り、性別のらしさ規範をなくすことはできない。

†性差別のない「らしさ規範」は可能か?

これは、車と交通事故の関係になぞらえることができるだろう。交通事故で、年間約四〇〇〇人が死亡する。これは、殺人で死亡する人の何倍にもなる。だからといって、車を日本からなくせという主張に賛同する人は少ない。自動車の存在によって、生活が豊かになっていることは確かである。とはいえ、事故を起こす人は、不注意で自分が悪いのだかちと、ほうっておく訳にもいかない。自分に責任がなくても、事故に遭ってしまう人がいるのだ。それゆえ、交通規則を設けたり、罰則を課したり、交通教育を行ったり、道路を整備したり、様々な形で、自動車が存在する利益を守りながら、交通事故をなくす手だてを考える。

同じように、性差別を解消するために全ての性別規範をなくすことは、現時点では、不可能と判断せざるを得ない。男であること、女であることが、歴史的にいっても社会の基本的なアイデンティティとなっており、人間の中で男と女が区分されていることで、様々な「楽しさ」が生まれているともいえる。であるならば、男であること、女であることを保ちながら、差別的な現象、つまり、「生き難さ」をミニマムにするという方策が求められると私は考える。

そして、女性差別（男性差別）解消、つまりは、女性もしくは男性であることによって生じる生きにくさをなくしていくために、男女の区別をなくせばよいといった安易な戦略以外の方策を考えていく必要がある。

もちろん、現在存在している「らしさ規範」をそのままにしろといっているわけではない。らしさ規範自体を存続させながら、第1章で論じたように①男性／女性であることによって不利益を被ることがないことと、②男女の対等なコミュニケーションをめざすことが求められる。

性アイデンティティを持つことは、社会を作り出した人間にとって基本的なものだと思っている。男女の別が存在しない中性的人間のみが存在する社会は想像できるし、実際にSF作品でも描かれることがあるが、現代人にとっては味気ないものに感じられるだろう。性アイデンティティを保つためには、最低限の「らしさ規範」は必要である。

しかし、現状の「らしさ規範」がそのままOKというわけではない。問題は、その「らしさ規範」の構成のされ方、影響の仕方にある。特に、近代社会の女性差別現象の基本部分は、「らしさ規範」の内容が、直接女性に不利益をもたらしていることにあると私は思っている。つまり、「らしさ規範」のあり方（社会にとっての利用の仕方）を変えれば、「男／女らしさ」を保つことと、男女の平等的関係が両立可能であると考える。

もちろん、「らしさ規範」がある限り、ミニマムには、差別・不利益が存在する。どんなに交通道徳を説いても、交通事故は存在し続けるのと同じである。男らしいとされた特徴を志向する女性、女らしいとされた特徴を志向する男性は、どんな社会でも違和感を持たれるだろう。そのような志向をもった人間は、いなくなることはないだろう。しかし、これは、社会からあらゆる逸脱を排除できないのと同じで、人間が男女に分かたれているという認識が続く限り存在する不利益現象である。

近代社会で問題になっている性差別は、たんなる「らしさ規範」に合わない人がいるといった逸脱の問題ではない。別の所にある。その点を次章から説明していきたい。

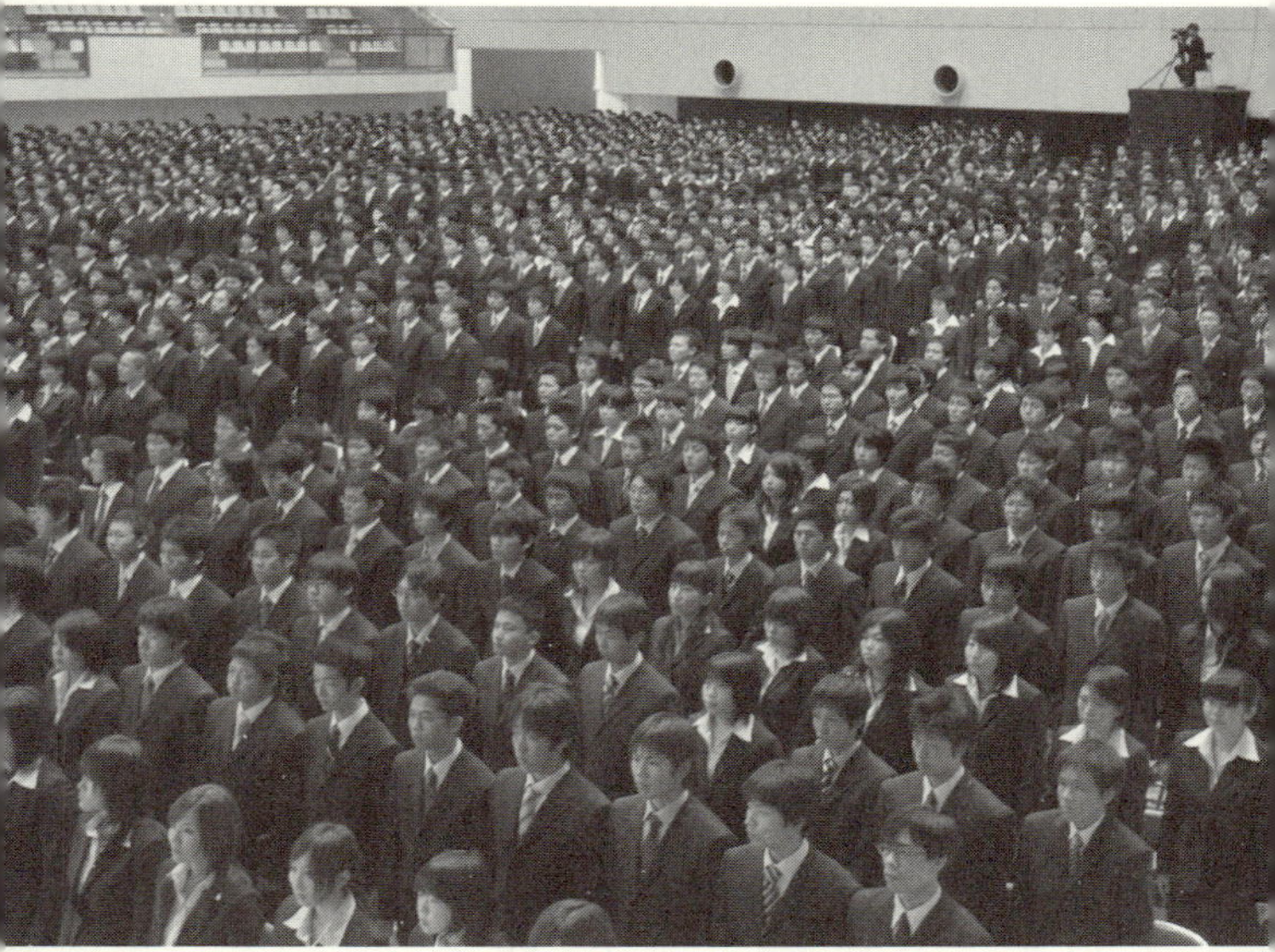

第３章
性別規範の機能——社会にどう利用されているか?

写真提供：共同通信社 Photo：Kyodo News

1　らしさ規範の非対称性

†社会的規範としての性別規範

ここで、改めて、性別に関わる「社会的規範」を整理しておこう。

社会的規範とは、人に「――しなければならない」「――してはいけない」という社会的な決まりである。「人を殺してはいけない」など罰則を伴った法律として文章化されているものもあれば、「お年寄りには席を譲りましょう」など単なる道徳的慣習として存在しているものまでさまざまな形がある。そして、規範を破ることに対して、罰則とはいかない場合でも何らかの「制裁（サンクション）」が周りから加えられる。

性別規範とは、男女によって異なったことが要求される規範を言う。つまり、「男性はこのようにするべき（女性はしなくてもよい）」「女性はこのようにしてはいけない（男性はしてもよい）」などの形の規範である。日本では、法律でも「女性は一六歳で結婚できるが、男性は一八歳になるまで結婚できない」という性別によって異なる規定が残っている。

法律でなくても、かつて「女性は結婚したら退職すること」という規則があった会社も多かった。

性別規範に関しては、明文化されていない規範が多いし、明確な制裁が加えられることも少ない。そして、多くは常識として、われわれの意識の中に埋め込まれている。例えば、「男性はスカートをはかないものだ」というものも、性別規範である。男性がスカートをはいて外出したとしても罰は受けないが、「変わった人」という目で見られてしまう。これも一種の制裁である。また、「女は料理が得意である」という規範も存在している。料理が苦手な女性は、女性として失格という目で見る人がまだ多くいるからこの規範は成り立っている。

本章では、現代日本社会における「性別規範」を、前章でとりあげた「らしさ規範」を含めて三種に区分し、その特徴を考察する。そこで焦点になるのは、男女の規範の「非対称性」であり、これを切り口に説明していくことで三種の規範が支えあって成立している構図が明らかになる。

†らしさ規範の非対称性

まず最初に、男らしさ、女らしさを示す規範、前章で述べた「らしさ規範」をさらに考察していこう。「女なんだから――らしくしなさい」「男なら――であるべきだ」などと、親から言われた経験をもっている人は多いだろう。世の中には、服装から行動パターン、そして性格まで、男らしい、女らしいという規範に溢れている。そして、われわれは、規範に反する行動をすることは可能だが、周りの人から変な目でみられるという「制裁」を受けてしまう。そして、前章で述べたように、らしさ規範は、「男性としてみられたい」「女性としてみられたい」というアイデンティティ欲求に根ざしている。それは、われわれの社会が、男性/女性という性別をもつことが、「居場所」をもたらす前提条件になっているからである。

まず、第2章で問題提起しておいた、らしさ規範の非対称性を切り口に、現代日本社会における性別規範に関わる面白い特徴を分析してみよう。このらしさ規範は、男性と女性で非対称的な構造を持っている。これが、実は、近代社会における女性差別の問題に繋がるものである。

それは、「女性は男らしさの要素をもってもよいが、男性は女らしさの要素を持つことは難しい」という事実である。つまり、男らしい女性は許容されるが、女らしい男性は排除されるということである。これは、われわれの感覚の中に埋め込まれているという意味で、身体化した性別役割規範なのである。

ここから、らしさ規範の非対称性の例をあげていく。ささいなことと思われるかもしれないが、この例の背後にあるわれわれの意識の構造を確認していただきたい。

†スポーツにおける「らしさ」

まず、スポーツをみてみよう。男性向きスポーツと言われていた種目に女性が進出するのは、許され、むしろ歓迎される。しかし、女性向きとされた種目に男性が進出することには、われわれは違和感をもってしまう。現在、マラソン、レスリング、柔道、ラグビー、サッカー、野球などにも女性種目があるのは、あたりまえのようにみえる。オリンピックで見ると、一九六四年の東京オリンピックでは、柔道、マラソン、レスリング、重量挙げなどは、男子のみの競技であり、だれもそれを不思議と思わなかった。このような「過酷」な競技は体力的に女性には無理だと思われていたのである。ほぼ半世紀後、二〇一六年のリオデジャネイロ・オリンピックでは、マラソンを始めとして大部分の種目で男子、女子種目が併設されている。女性参加が認められるようになっただけではなく、サッカーやレスリングなど従来男子のみが行っていたスポーツに挑戦する女性は、マスコミからも注目、賞賛され、一般の支持を得ている。現代のスポーツは、TV上の娯楽としての要素がプロ、アマを問わず大きい。そこで、女子マラソンや女子ゴルフ、女子テニスなどが放映されており、視聴率がよいということは、既に一般の人々の支持を得ているという証拠である。

それに対し、女性向きとされたスポーツに男性が進出することは、珍しいことである。そして、多くは、違和感をもって受け止められる。女性のみの種目としてオリンピックにある競技は、新体操、シンクロナイズド・スイミングがある。また、体操でも、平均台は女子のみである。確かに、日本には男子新体操がある。しかし、国際的にはあまり認知されてこず、オリンピックには採用予定もない（これも日本発祥というのが、歌舞伎の女形を想起させる事実である）。また、アメリカで、シンクロナイズド・スイミングに男性選手がチームの一員として参加しているケース（映画にもなった『ウオーターボーイズ』）、男性のみのチアリーダー（早稲田大学）の存在も報道されたが、ほとんど「珍しいもの」扱いである。このような一度女性向きとされてしまったスポーツには、挑戦する男性人口が少なく、その上に、「はじめに」で述べたように、スポーツを観戦する側で「見たくない」という意識が働いているのが大きな要因である。

†教育・職業における「らしさ」

大学など高等教育でも非対称性が見られる。戦前、原則男子のみにしか開かれていなかった大学が、戦後、女子に解放されて以来、大学進学は女性進出の歴史であった。国立大学はもちろん、防衛大学校、商船大学なども女子を受け入れるようになり、最後に残った順天堂大学体育学部も、一九九一年に女性入学を受け入れることが決定され、日本に男子のみの大学はなくなった。しかし、日本にある女子大学や女子短期大学は、国公立も含めて、男性の入学を許可しない(いくつかの私立女子大学は、名称変更や合併で男女共学大学に転換したところは多い)。そして、それを男性差別とは考える人は極めて少ないことが不思議なのだ。大学院レベルで、特定の教授の指導を受けるため、男性入学を許可する女子大が増大しているが、入学者はいまだ少数である。女子大擁護論者は、女子大を存続させる理由として、今まで女性が差別されてきた分を取り返すための特別枠、つまり、アファーマティヴ・アクションを強調している。変化のスピードが遅いのは、「女子大に入学したい」と考えて裁判や抗議などアクションを起こす男性がほとんどいないという事情もあるだろう。

学問分野でも同じである。男性が多い分野には女性が進出するが、女性が多い分野には男性の進出が少ない。私が以前教鞭をとっていた東京学芸大学・教育学部でも、「家庭専修」「幼児教育専修」での男性入学率は極めて低い。幼児教育専修に入学するのは、幼稚園経営者の跡継ぎ息子で、免許が必要だからという話も聞いた。理系女子を増やそうという動きは国レベルでも推奨されているのに、家政学部にもっと男性をといった運動はなかなか起きないのだ。

職業でも非対称性は際だっている。従来、「男性職」だったものに女性の進出が目立つようになった。国会議員から、トラック運転手まで、女性が進出するものに対しては、マスコミも注目するし、女性の進出希望も多い。しかし、従来「女性職」とされてきた職業（看護師、介護職、幼稚園教諭、エレベーター・ガール、フライト・アテンダントなど）への男性の進出は、相対的に少ない（これは、世界的にもそうだが、日本に特に目立つ現象であるのは興味深い。看護師など身体介護に関わる職業に関しては、第7章で詳しく論じる）。助産師の

図表３－１　職業別平均年収（カッコ内は代表的な118職業内の順位）

各種学校・専修学校教員	5,180,700円（26位）	40.8歳
幼稚園教諭	3,299,000円（96位）	30.9歳
旅客掛（フライト・アテンダント）	4,824,000円（34位）	35.7歳
看護師	4,652,000円（40位）	36.2歳

出典：「年収シェア」サイトより　http://nenshushare.com/koTop/

ように日本では法律的に女性に限られた職種もいまだ存在している（保健師助産師看護師法3条による規定）。

一度、女性の職業とされてしまった職には、男性はなかなか就かない。その理由として、経済的説明がなされることがある。マルクス主義フェミニズム理論においては、女性職は相対的に賃金が低くなるから男性が就かないと説明している。つまり、女性には一人前の給料を支給する必要がないから、相対的に賃金が低いまま留め置かれる。妻子の生活を支えなければならない男性にとっては割にあわないから、就こうとする人が少なくなるというロジックである。もちろん、その点もあることは否定しない。特に、幼稚園教諭（私立）と小学校教諭の賃金格差は大きい【図表３－１】。それは、幼稚園教諭は、結婚退職を前提にした女性職だからという説明がなされる。

しかし、それとは別に、われわれの中に、世間で女性向き、つまり、「女らしい」とされた職に就く男性に対して、「違和感」が生じてしまうというのも、大きな理由なのだ。看護師やフライト・アテンダント（旅客掛）は、相対的に高い収入であるにもかかわらず、男性の志望者が少ないのはこの理由からだと思われる。

服装、小物などファッションの領域も男女で非対称的である。近代社会の服装の歴史は、だいたい、男性の服装が女性に取り入れられる歴史でもある。例えば、ココ・シャネルがシャネルスーツを作り出した時は、男性のように活動的な女性服という形で作ったのだ。ジーンズも当初は男性の作業着として作られたが、女性が着てもおかしくない。実際に、男性用のシャツを着たり男物の腕時計や鞄を女性が持ってもおかしくないし、ネクタイをしてもかまわない。しかし、女性用のシャツや腕時計などを男性が「一つでも」身につけていたら「違和感」を与えてしまう。男物の香水をつける女性はいるが、女性用の香水をつける男性はごく少数である。

趣味の領域でも同様な傾向が観察される。鉄道や登山など、従来男性の趣味とされていたものへの女性の進出は、鉄子、山ガールなどと歓迎され報道されることも多いが、女性的とされた趣味に進出する男性は、なかなか表に出てこない。私の知り合いで「ぬいぐるみ収集」が趣味の中年男性がいるが、彼はその趣味をひた隠しにしている。私は宝塚歌劇団のファンでよく見に行くが、その話をして女性の知り合いから「気持ち悪い」と言われたことが何度もある。

以上、さまざまな例を挙げてきたが、従来男性の領域とされてきた分野に女性が進出するのは歓迎されるが、逆は、歓迎されず、感情的に否定的な反応が返ってくる。社会的にこの事実が存在していることから、性別規範に関する「非対称性」を考察していこう。

†らしさ規範逸脱の非対称性の原因

現代社会では、男性らしさの規範、女性らしさの規範が存在している。しかし、「らしさ規範」から逸脱することは、必ずしも「いけない」と思われ、制裁が加えられるわけではない。女性が男性の領域に進出する（男性らしさの規範に従う）ことは、許容されたり、賞賛されたりすることが多い。一方、男性が女性の領域に進出する（女性らしさの規範に従う）ことはなかなか許容されないし、否定的に評価されることが多い。許容されないと言うよりも、女性領域に進出することを望む男性自体が少ないのと、女性領域に入り込んでいる男性（女性らしさの規範に従っている男性）が多くの人々から「違和感」をもってみられたり、変な人とみられることが多い。

この規範の非対称性だけをみるなら、男性にとって不利にみえるかもしれない。女性には、「女らしくする」という選択肢の他に、「男らしくする」という選択肢があるのに対して、男性には女性らしくするという選択肢をとることは社会的になかなか認められないことになるからだ。

しかし、男性が女性らしく「したいと思わない」という感情、女性らしい男性に対して生じる「違和感」という感情、この感情が男性自身にインプットされていることが、実は、女性差別が存在していることの結果であると私は判断している。この感情の成り立ちについて、これから分析していく。

感情というのは、社会的に形成されるものである。感情は個人的なものとはいっても、「したくないと思う気持ち」や「違和感」「いやだと思う感じ」などを、多数の人が感じる場合、それは社会的な規則に従って形成されていると考えて間違いない（岡原、山田他『感情の社会学』参照）。そこで、男性が「女らしい」という規範に分類される行動をとった場合に生じる否定的な感情は、どのような社会的な力（社会的な制度）によって生じるかを検討しなくてはならない。

性別によって性別規範からの逸脱が異なった感情を引き起こすのは、大きく分けて次の二つの要因が考えられる。

①男性優位というイデオロギー

②男性の性アイデンティティの不安定性

両者とも、近代社会の「社会の性の編成の仕方」の特異性とかかわっていて、相互にからみあっている。本章および次章では、①を中心に論じ、②に関しては第6章で論じることにする。

性別規範からの逸脱の許容度が男女によって異なるのは、男性が女性よりも地位が高いと思われているからである。また、男性的な要素は人間的な要素、一般的な要素とされるのに、女性的な要素は、人間的ではない要素、劣った要素、特殊な要素という意味づけがなされる傾向がある。それゆえ、劣位の性（女性）が優位な性（男性）の特徴を取り入れるのはよいが、男性が、わざわざ劣位の性の特徴を取り入れることには、抵抗感があるという傾向が導き出される。

なぜ、このような意味づけがなされるかを、近代社会の男女カテゴリーの編成の仕方に求めていきたい。それは、性別役割分業の世界観の反映ということができる。

2　三種の性別規範――らしさ規範・性別役割規範・性愛規範

今まで知られているあらゆる人間社会は、「性別」というカテゴリーを必ずもっている。それは、通常、男性と女性という二つのカテゴリーであり、人は、どちらかの性に属するとされる（太平洋諸島のポリネシア族にみられるように、三つ、もしくは四つの性別カテゴリーをもつ社会も存在している。詳しくは棚橋訓「過剰な女性の誤解」二〇〇二（服藤、山田、吉野編『恋愛と性愛』所収）参照）。そして、社会は、性別があることを前提として、社会を維持し存続させている。そして、性別は、主に二つの点で、利用される。一つは、役割配分の基準として、もう一つは、性愛対象選択の基準としてである。

【性別の社会的機能】

①役割配分の基準　：役割分業の体系
②性愛対象選択の基準：コミュニケーションの体系

図表3－2　3種類の性別規範

らしさ規範	性アイデンティティを確認するためにある規範
性別役割規範	性別によって役割を配分する規範
性愛規範	性別によって性愛対象を特定化する規範

何らかの基準で役割分業のない社会は、維持できないし、セックスを含んだコミュニケーション（性愛と呼ぶ）がない社会も存続できない。そして、多くの社会では、役割を配分する基準として性別を用いてきたし、コミュニケーションのあり方の基準として性別を用いてきた。

そこで用いられる性別にかかわる「規範」は、広い意味で言えば「らしさ規範」として用いられることもある。ここでは、性アイデンティティを確認するための規範を、「らしさ規範（狭義の性別規範）」として扱い、役割に関する規範を「性別役割規範」、性愛に関する規範を「性愛規範」として区別する。まとめると、【図表3－2】のような構造になっている。

3　性別役割規範——男は外・女は内

まず、性別役割規範を説明してみよう。

特定の社会が生産、再生産によって存続していく際、多数の人が協力し合って仕事を配分している。これを「社会的分業」と呼ぶ。分業のない社会は想像可能だが、少なくとも知られているあらゆる社会に分業は存在する。ほとんどの社会では、性別は分業の基準として使用される。特に、前近代社会（未開社会も含む）では、かなりリジッドに、性役割が規定されている。つまり、男性しかしてはいけない役割、女性しかしてはいけない役割が存在していた（その他に男女どちらでも割り当てられる役割も存在する）。

もちろん、文化や時代によって、どの役割が男性に割り当てられ、どの役割が女性に割り当てられるかは、多様である。社会学者グードの、未開社会の性役割分業を整理した研究によると、「戦士」のように男性に割り当てられることが多い役割、「洗濯」のように女性に割り当てられることが多い役割はある。しかし、例外もあるし、多くの役割は、文化や時代によって、男性に割り当てられたり、女性に割り当てられたりしてきた。性別役割の絶対的な基準があるわけではない。しかし、性別役割分業が存在していたことは確かである（W・J・グード『家族』）。

†近代の性別役割分業の特徴

近代社会の性別役割分業といって、一番最初に思い浮かべるのは、「男は仕事、女は家事」という分業であろう。そして、この分業こそが、近代社会の性による「非対称性」を最も顕著に表しているものなのである。

そして、この近代社会に典型的に現れた性別役割分業は、前近代社会における性別役割分業と、根本的に異なっている。近代社会の役割分業は、仕事の内容による分業ではなく、仕事の「質」に関する分業なのである。それは、「料理」という作業を例に取ると分かりやすい。レストランのコックから板前に至るまで、料理を作ってお金を稼いでいる人の多数は「男性」である（二〇一四年では六二・八パーセント）。しかし、家で家族のために無償で料理を作っている人の大多数は女性なのである。同じ「料理」という作業であっても、有償の仕事としてする場合は男性がふさわしい、そして、家の中で無償労働として行うのは女性がふさわしいと一般的に思われている。

図表3－3　近代社会の労働の分裂

市場労働	有償労働	序列がつく	競争がある	⇒男性らしさ
家事労働	無償労働	序列がつかない	競争はない	⇒女性らしさ

この分業は、近代社会が、社会生活の領域を、市場を中心とした「公的領域」と家族を中心とした「私的領域」に分割したことに対応している。そして、公的領域での労働（市場労働と呼んでおこう）は、有償労働として賃金が支払われ、私的領域での労働は家事労働と呼ばれ、賃金が払われることはない。われわれの社会が存続するためには、この二つの労働が必要である。そして、家族を単位とすれば、やはり、家族の中で家計を支えるために市場で働いてお金を得る労働をする人と、家事や子育てなど無償労働をする人が必要である。そして、近代社会は、「市場労働は男性がするもの、家事労働は女性がするもの」という性別役割規範が存在している【図表3－3】。

そして、重要なのは、この市場労働と家事労働は、同じ労働といっても、その性格がまったく異なることにある。それは、市場労働は賃金を対価として行われるので、「序列」がつく。つまり、お金をたくさんもらえる仕事もあれば、あまりもらえない仕事もあるという形で、社会的な評価の対象になるということである。そして、仕事の主たる動機付けは、「お金を稼ぐこと」であり、逆にお金が貰えなければ労働はなされない。仕事の収入=社会的評価という等式が成り立っている。そして、市場での労働には、さまざまな形で、他者との競争がある。競争に敗れれば仕事を失うこともある。

一方、家事労働は家族に対する狭い範囲でのサービス労働が中心となる。家事労働は公に社会的に評価されることはない。家事労働をいくら一生懸命しても、収入は増えることはないし、いくら手を抜いても首にされることはない。家事労働に序列はつかないのだ。家事労働は、サービスの受け手にだけ評価、そして感謝されることになる。家事労働を行う動機は、家族に対する個人的な「愛情」にもとづくものと意味づけされる。そして、他者との競争はない。

しかし、社会的に存在している「性別役割分業規範」は厳密なものではない。法律で、男性は市場労働をするもの、女性は家事労働をするものという決まりがあるわけではない。そもそもひとり親の家族なら、父子、母子であっても市場労働と家事労働（育児も含む）を一人の人がこなしている。いわゆる共働きの家庭は、夫婦共に市場労働と家事労働両方こなしているケースが多いだろう。

近代社会は、この性別役割規範によってスタートしたが、一九七〇年代のフェミニズムの影響を受け、欧米先進国では「性別役割分業」規範に賛成する人は少数派になっている。そして、日本においても、「男は外で女は内」でなければいけないと回答する人は半分位まで減った【図表3-4】(ただ、近年は性別役割分業賛成派が、若年女性の間でまた増え始めている)。

しかし、実態をみてみると、性別役割分業は根強く残っていることが分かる。欧米でも、「男は外で仕事、女は家で家事」という規範に反対する人が大多数になっても、実態として、「男性が仕事、女性が家事」という性別役割分業を行っている夫婦はまだまだ多く、逆に「男が家事、女が仕事」という夫婦は少ないのである(アメリカでも妻が専業主婦の家族は二〇〇〇年時点で約二五パーセントいる)。日本に比べ、男女平等主義が強い国であっても、女性の家事労働時間は男性に比べ長く、家事労働を男性に負担させるのは困難であることが、繰り返し語られている(ホックシールド『セカンド・シフト』など参照)。

日本では、共働き家族が増えたと言っても、いまだ、専業主婦家族は多く、専業主夫家族はほとんどいない。また、共働きと言っても、妻がパート等で、実質的に男性が家計を支え、女性の収入は補助的であるケースがほとんどである【図表3-5、3-6】。「夫が妻

図表3－4 「夫は外で働き、妻は家庭を守るべきである」という意識の変化

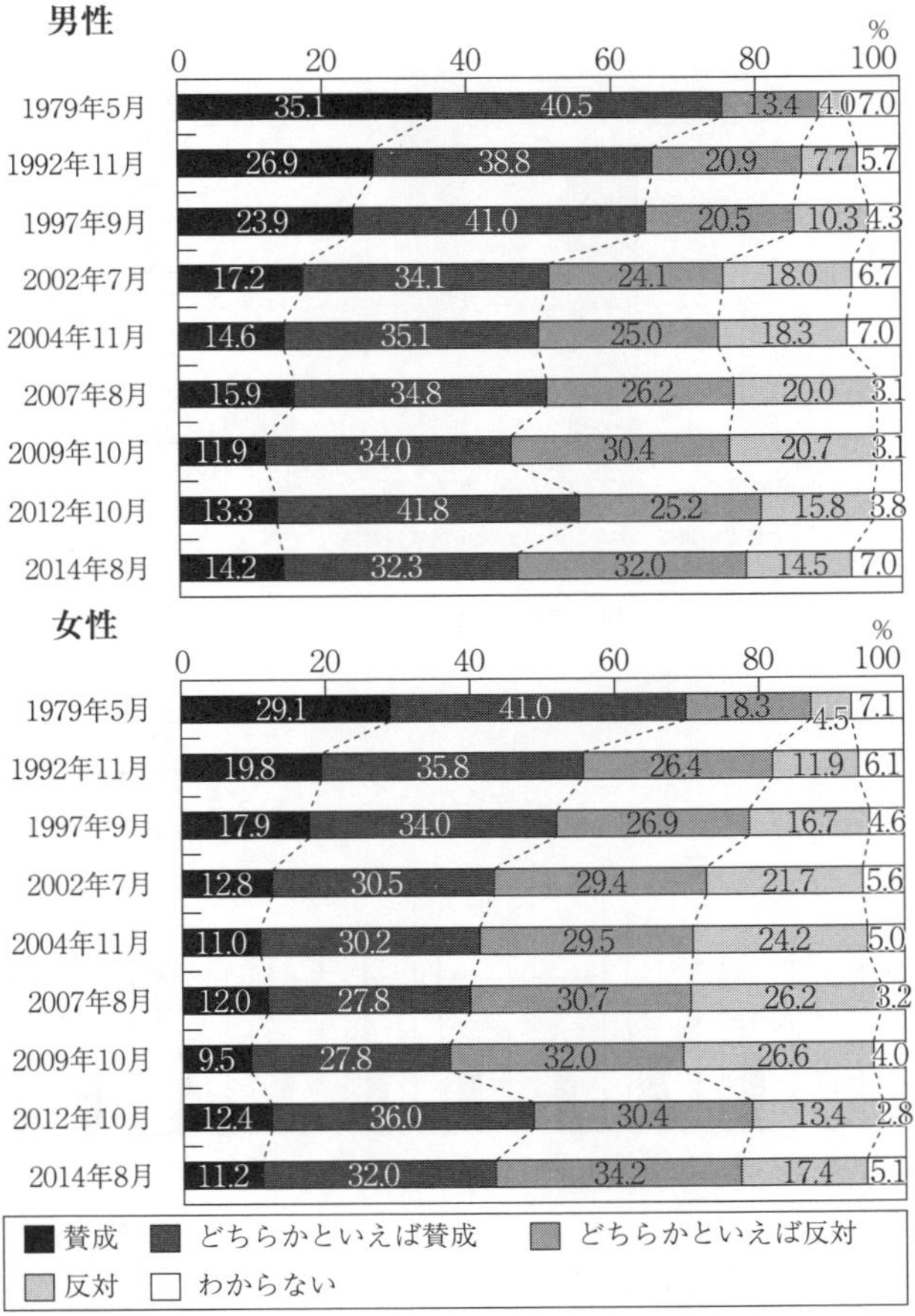

出典：内閣府「男女共同参画社会に関する世論調査」（1979～2012年）、「女性の活躍推進に関する世論調査」（2014年）より作成。

図表3－5　夫婦の就労類型

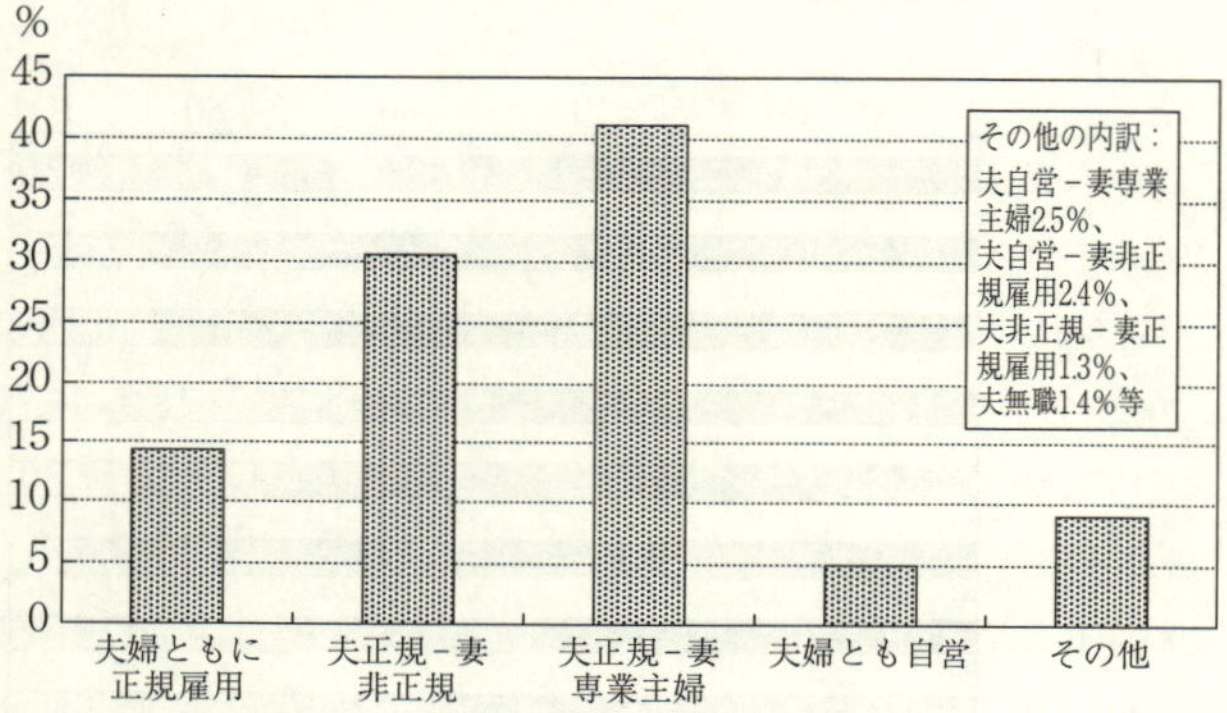

出典：全国消費実態調査2009年、25－29歳夫婦家族対象

図表3－6　妻年齢別の就業類型

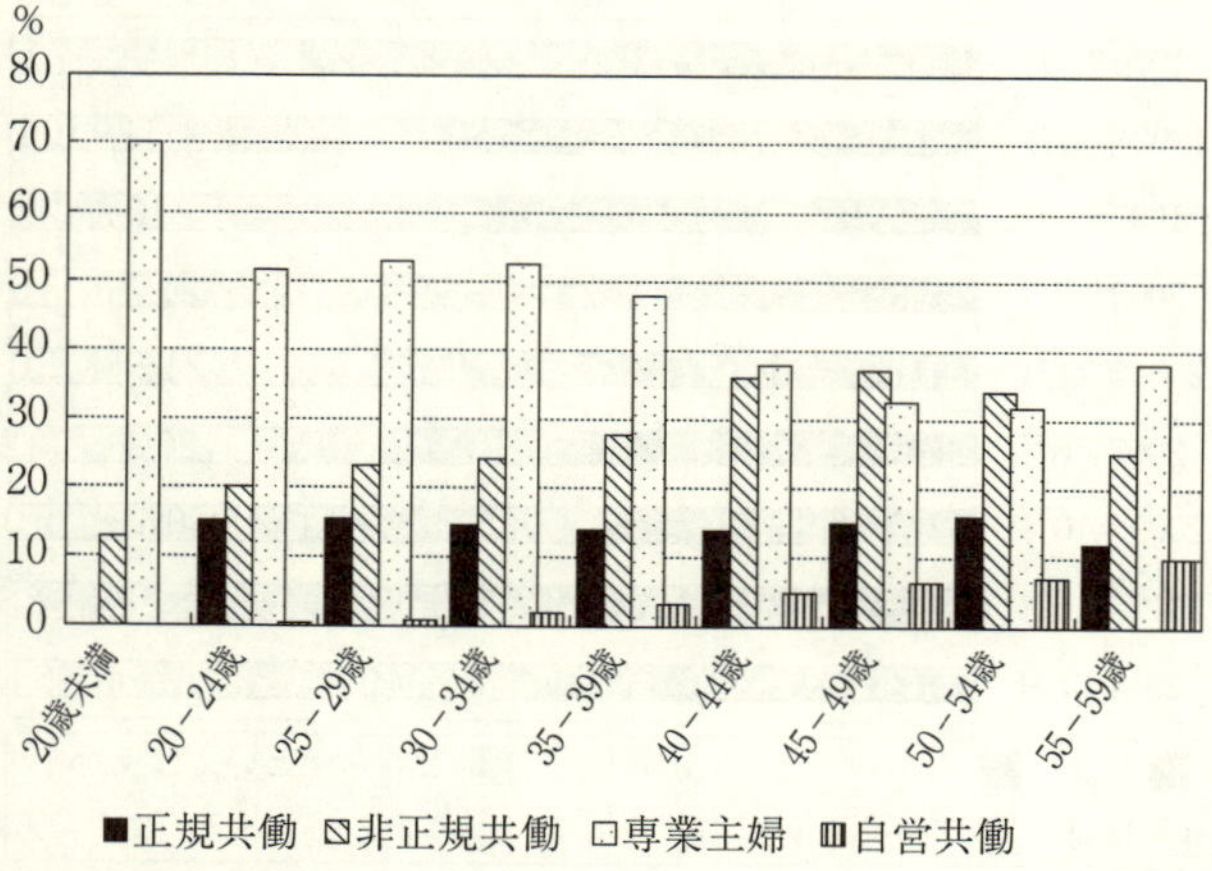

出典：全国消費実態調査2009年

図表3－7　夫の家事・育児関連時間
（6歳未満の子供を持つ夫の1日当時間、国際比較）

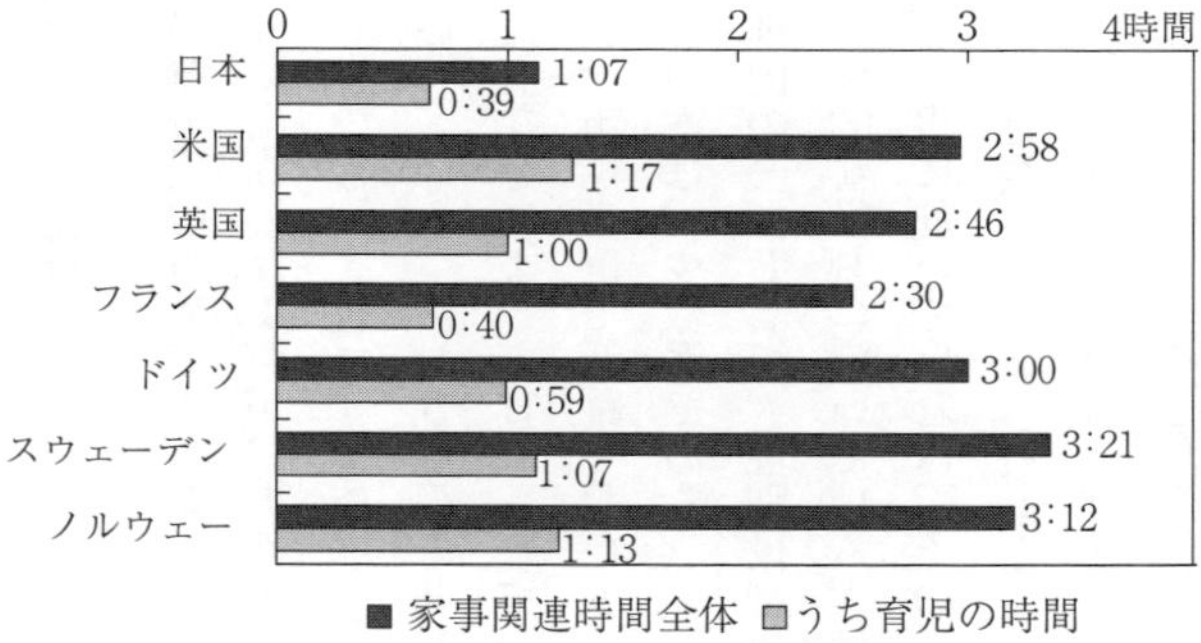

出典：Eurostat“How Europeans Spend Their Time Everyday Life of Women and Men”(2004)、Bureau of Labor Statistics of the U.S.“American Time Use Survey”(2013) 及び総務省「社会生活基本調査」(2011年) より作成。
備考：日本の数値は、「夫婦と子供の世帯」に限定した夫の1日当たりの「家事」、「介護・看護」、「育児」及び「買い物」の合計時間（週全体平均）である。

の被扶養者になっている世帯」（年金三号被保険者男性）は、わずか一〇万世帯程度である。また夫が被扶養者であると言っても夫が家事を多く担っているとは限らないのも事実である（読売新聞二〇一六年七月二一日）。

　また、生活時間調査などでも、子どもをもつ既婚男性の家事労働時間は諸外国に比べ、かなり短くなっている**【図表3－7】**。性別役割分業の実態に関しては、多くの研究書、解説書が出ているので、ここでは深入りはしないでおく。本書では、性別役割分業規範が、男女関係にもたらす意味について、考察していく。

†性別役割分業の非対称性

性別役割分業の世界でも、ジェンダーによる非対称性がみられる。女性が男性のように外へ働きに出るのはよいが、男性が家事専業になるのはおかしいという意識はいまだに根強く残っている。これは、「女性がズボンをはくのはよいが、男性がスカートをはくのはおかしい」という、らしさ規範の非対称構造に似ている。近年は、イクメンや家事をする男性が政府などによって宣伝されているが、やはり、女性の社会進出ほど進んでいるわけではない。市場労働で活躍したいという意欲をもつ女性は数多くいるが、家事を進んでやりたがる男性は、少数派である。

その理由の一つとして、性別役割規範が、らしさ規範として機能しているということがある。男性的な役割に就いている人は、その人が男でも女でも「男性らしい」と見られ、女性的な仕事に就いていれば、その人が女でも男でも「女性らしい」と見られる。つまり、市場労働＝社会から評価され競争に晒される労働をする人は、「男性的」と意識され、家事労働、つまり、家族のみに評価され競争がない労働をする人は、「女性的」と評価される。すると、「非対称性」の構造がここにも入り込む。市場労働、つまり、従来男性がしている領域で仕事をする女性は許容され、時には歓迎される。一方、家事労働、従来女性がしている仕事をする男性はなかなか許容されない。

これは、外での仕事の種類にも影響している。看護や子どもの世話など、もともと家族内で無償労働として行われていた対人サービス労働は、有償の市場労働として行われる場合も、女性向きの職、いわゆる女性職と意識される場合が多い。看護師や保育士などがこれにあたる。これらの仕事は、仕事の成果が目に見える数字で表しにくいという点も影響している。

同じ家事労働でも、料理や裁縫など、ものに対して働きかける労働は、有償労働になると男性が行う職となっている場合が多い。料理人や服飾デザイナーなどがそうである。これに対して、世話など対人サービスは、「愛情で行われる」ものと意識されるために、たとえ、お金が支払われていても、家事労働に類似した仕事と意識されやすい。その結果、愛情があればだれでも行う事が出来ると意識されやすく、賃金が低く留め置かれる傾向がある。これは、介護労働などに顕著である。

日本における保育士や介護士の賃金が、政策的に低くなっていることは、政治の世界でも繰り返し問題になっているが、なかなか改善が見られないのもこの理由である。

一方、料理や服飾デザインなどは、その仕事成果に対する評価が行いやすい。おいしさや格好良さというマーケット的な評価基準がある。それゆえ、よりよい成果への競争が生じる可能性がある。そして、より市場労働的と意識されやすく、男性向きの職業であると思われやすくなる。

それは、反転して、家での家事労働分担にも現れる。同じ家事労働であっても、力仕事や料理など市場労働で男性が主に行っている仕事を行うことには男性の抵抗は薄いが、保育や介護など身体的世話をすることは、男性は苦手としている。この点に関しては、第7章で改めて考察する。

†家事をするサッチャー首相

本論に戻ると、市場労働をする人は、「男らしい」と思われ、家事労働をする人は「女らしい」と思われる、らしさ規範が根強く残っている。つまり、男性は、男性というアイデンティティを保つためには、収入という点で社会的に評価され、競争がある市場労働を行い、他者に勝つことが求められる。つまり、外で仕事をしない男性は、社会的評価が伴わず、男性の中でのランクをつけようがなくなる。つまり、一人前の男性として社会的の中に位置づけてもらえないのである。

女性も、女性というアイデンティティを保つためには、家事労働をする必要がある。特に日本社会では、その意識が強い。キャリ・アウーマンとして、外で活躍していても、それだけでは「女性らしい」とはみなされない。無償労働としての家事を行って初めて、女らしいと周りから認定されるのである。

もう三五年も昔の話になるが、故マーガレット・サッチャー氏がイギリス初の女性首相になった時、エプロン姿で家で家事をこなす写真が意図的に流された。当時は、イギリスでも女性とみなされるためには、「家事をしている」ことをアピールする必要があったのであろう。

ただ、これにも、男女のらしさ規範の非対称性があてはまる。男性は、家事労働をすると、男らしさが揺らいでしまう。専業主夫が圧倒的に少ないのも、男性とみなされないことへの不安があるからである。それゆえ、家事をする男性は、仕方がないにしろ、すきでやっているにしろ、何らかの「言い訳」が必要となるのである。

しかし、女性は、男性のように市場労働をしても、女性らしさの揺らぎの程度は少ない。家庭で女らしくする、家事を喜んでやっていさえすれば、男性的な分野に進出しても構わないのである。

男性は、男性らしくするために、つまり、男性であることを確認するために、市場労働という男性役割をとりたがり、女性的とされる役割をやりたがらない。女性も同様に、女性役割をとるようにしむけられる。これが、性別役割分業が「実態として」強く残っている一つの理由である。

そして、「性別役割分業」が維持されているのは、それがらしさ規範とつながっているからだけではない。次節で、男性であることと、女性であることが重要な意味を持つ、性的親密性、いわゆる「セクシュアリティ」の領域に移る。そして、らしさ規範、性役割規範が性愛規範と連動しているがゆえに、「性役割分業」が強化されている様相を考察していこう。

4 性愛規範――どんな男女がモテるのか

親密なコミュニケーションは、人間として生きていく上で必要不可欠な行動である。それは、情報交換以上の意味を持っている。他人と親密な関係になるということが、人の幸せを構成する要素の一つとなっている。

近年、セクシュアリティや親密性に関しての研究が多くなされるようになっている。まず、簡単にジェンダーと親密性にかかわる概念を定義しておこう。

親密になるためのコミュニケーションのパターンもいろいろある。親子やきょうだい、友人なども親密なコミュニケーションが交わされる。中でも、濃密な身体的接触を伴ったコミュニケーション、つまり、セクシュアリティ（性関係）が重要な一要素となる。

親密性とセクシュアリティの関係は、単純ではない。親密であるが性関係を欠く関係もあれば、逆に親密ではない関係でセックスが行われることもある。さらに、一定の年齢までのセックスには、子どもを作るという重要な機能がある。また、性関係は個人的に身体的快楽や精神的快楽（性的妄想の実現という意味でも）をもたらすことが多い。そして、性関係は親密になるための手段としての意味もあり、また、親密な関係の結果営まれるものでもある。

まとめると、性関係は、①子どもを作るため、②個人的な快楽のため、③親密な関係を形成、維持するためなど複数の機能をもっている。そして、ここでは、主に③の、親密な関係を形成、維持するためのもの、セックスを含んだ親密なコミュニケーションを、「性愛」もしくは「性的親密性」と取り分けて考察対象としたい。

†性愛感情に関する規範

セックスを含んだコミュニケーションは、誰とでも実行可能というわけではない。それは、子どもを作るためであっても、個人的な快楽のためであっても、親密関係形成、維持の手段であっても同じである。

例えば、特殊な宗教教団やコミューンでは、セックスがエクスタシー、いわゆる悟りの手段として使われることもある。その時は、個人的な感情とは別に性関係をもちうる。また、売買春などでは、個人的満足や金銭のために不特定の人と一時的に性関係がもたれることもある。

ただ、親密な関係性を維持、形成するときには、セックスを含んだコミュニケーションは「特定の人間」と行うことを常としている。そして、性的関係を伴ったコミュニケーションをもちたい相手もいれば、この人とは性的関係をもちたくないという相手もいる。性的に親密になりたいと思う相手を「好きな人」、性的に親密になりたくない相手を「嫌いな人」と言い換えておこう。

図表3－8　性愛に関する規範の種類

①明示的な性愛規範 性愛関係になってよい相手、なってはいけない相手を示す。誰と、どの程度、深い性愛関係が許容されるかを示す規範からなる。
②身体化した性愛規範 どういう相手と性愛関係になりたいと感じるかを規定する制度つまり、性的に好きな人、嫌いな人を作り出す規則からなる。

また、コミュニケーションを誰とどの程度深くとってよいか、いけないかは、社会的に決まっている場合がある。例えば、史上知られている人間社会では、例外なく近親相姦禁忌という形で、親子間の性愛行動が明確に禁止されている。

以上の点を整理すると、社会は【図表3－8】に示したような二つのやり方で、性愛関係の社会的統制を行っている。これらを、感情に関する社会規範という意味で、性愛に関する感情規範と呼んでおこう（感情社会学の観点からいえば、前者を感情の表出に関する規範、後者を感情の生成に関する規範ということができる、前出『感情の社会学』参照）。

明示的な規範は、近親相姦禁忌のように、親子や兄弟姉妹間での性愛関係を禁止する規範である。また、一時代前には、結婚しなければ性的関係をもってはいけないという規範が強かった。もちろん、それを破る人は多かったが。

身体化した規範は、どのような特徴をもった人を好きになるかということに関する社会的圧力である。われわれは、小さい時から、このような人を好きになるのが望ましいという社会的規範の圧力にさらされて成長する。おとぎ話からマンガ、テレビドラマの中まで、このような男性が素敵、このような女性と恋人になるのがよいと刷り込みがなされる。そのような刷り込みにも多様性があり、人によってその影響力は異なるから、個人によってバリエーションはでてくる。ただ、平均的な所をとれば、好きになりやすい相手の特徴は、社会的にだいたい決まってくる。

これを規範と呼ぶのは、一般的な言い方ではないかもしれない。好きになったり、嫌いになったりすることは極めて自然なことだと考えられているからである。しかし、個人に生じる感情でさえも社会的規範の影響を受けるというのが、感情社会学によって明らかにされた一つの成果である。どういう人（男性、女性）が好かれ、どういう人が敬遠されるかという社会的な規範が、人間個人の中で内面化される、と感情社会学では考える。そして、いったん内面化されると、個人の意志で変えることができないという意味で、無意識の領域で個人の身体に刷り込まれる。本人は、自然なこととして経験するが、その背景には社会的規範がある。これを、身体化した性愛規範と呼びたい。

†同性愛と異性愛

近代社会の明示的な性愛制度の特徴を一言で言えば、一夫一婦制の優位ということができる。異性愛、特に結婚している男女のみに性愛関係を許容し、かつ、それを人間にとって「幸福の源」として価値づけたところに特徴がある。

その裏には、同性愛や、夫婦以外での「性愛関係」をよくないものとして排除する事が含まれている。性愛を伴った親密関係を成就するには、結婚（その前段階たる恋愛）しなければならないという規範が強く働いている。

ここで、同性愛について少し述べておこう。近年、同性愛者に対する注目が集まり、オランダやイギリスを始めとしていくつかの国や地域では、同性同士の結婚も認められるようになってきた。日本でも、二〇一五年には、渋谷区のように「パートナーシップ証明書」を発行する自治体も出てきた。ただ、同性愛自体の歴史は古く、必ずしも禁止されていたわけではないし、異端視されていたわけではない。古代ギリシアの男性市民の間では、同性愛はむしろ望ましいものとして奨励されていた（M・フーコー『性の歴史』）。つまり、同性愛が感情規範として機能していたのである。性的に成熟する過程で、同性を好きになることが望ましいという「社会的規範」の刷り込みがなされ、成人すれば同性を好きになり、同性に対して性的欲望をもつようになるのである（その場合、男性は恋愛とは別に女性と性的関係をもって子孫を残すことは忘れなかったのであろう）。

近代以前の日本でも、貴族、僧侶、武士の間で男性同士の同性愛関係は珍しいことではなかった。江戸時代には、陰間茶屋といって同性愛者のための売春施設もあったのである。そして、男性同士の性関係を描く春画（当時のポルノグラフィー）も存在していた【図表2-4】。一方、ユダヤ教、キリスト教、イスラム教では、同性愛を厳しく禁じた。禁じなければいけないほど、それを行う人がかなりいたということである。成熟する過程で、一定割合の人が、同性に対して性的関係を含んだコミュニケーションをもちたいと思うような環境に置かれるというのが一般的なのである（ちなみに、同性愛は遺伝という可能性は少ない。もし、そんな遺伝子があっても、子孫を残す確率が極端に低いので、生物学的に短期間で淘汰されてしまうからである）。

近代社会は、キリスト教が主流であった西欧社会から生まれたので、当初同性愛に対して厳しい態度をとってきた。また、近代になって、男性間の連帯を高め、男性支配を強化するために、ホモ・フォビア、特に男性間同性愛への嫌悪感が強まったとの見解もある。欧米でも近年までは、刑罰の対象になっていた国や地域も多いのである。日本では、宗教的、法律的に禁止されているわけではないが、近代社会の成立以降、欧米の恋愛に対する考え方が浸透するにつれ、同性愛は、偏見の対象になるのである。

†身体化した性愛規範の特徴

さてそれでは、どのような相手が性愛の対象として、求められるのだろうか。以下では身体化した性愛規範にしぼって考察する。

古来から、多数の異性に求められる人（モテる人）、敬遠される人（モテない人）は存在した。その基準は、時代とともに変遷していることは確かである。しかし、整理すると、概ね次のようなことがいえる。

それは、異性愛を前提とすると、「男らしい男性」「女らしい女性」が性愛の相手として好かれやすい＝モテるという傾向である。もちろん、例外も存在し、男性的要素を多く持った女性が好きという男性も、その逆の女性も存在することはする。だがそれは、多数派とはならない。これが、「異性愛」システムの最大の特徴なのかもしれない。

ここで問題となるのは、性愛対象を選ぶ、選ばれるということを考える場合、らしさ規範が極めて重要となることだ。らしさ規範からの逸脱は、単に周りから変な目でみられるということだけではなく、現実的な性愛対象の選択場面において、実質的な不利益が生じてしまう。男性規範から逸脱している（逸脱する志向性をもった）男性は、女性から好かれる（性愛の対象として選ばれる）可能性を少なくする。その逆も同じである。女性らしくない女性は男性からモテにくくなるのである。これが性愛規範、またはモテ規範と言ってもよい。

そして、この性愛規範は、子どもの頃から徐々に身につくものである。調査データでも、小学生、中学生段階からこの傾向が強く見られることが分かる。親世代の意識を重ねてみるとそれが構造的に同じことが分かる。影響を及ぼしていると考えることもできるだろう。

【図表3－9、3－10】。

【性愛規範の基本構造1】

男性らしい男性　女性らしい女性　⇒　性愛対象として選ばれやすい

男性らしくない男性、女性らしくない女性　⇒　性愛対象として選ばれにくい

図表3－9　小中学生における「モテる異性」の要素

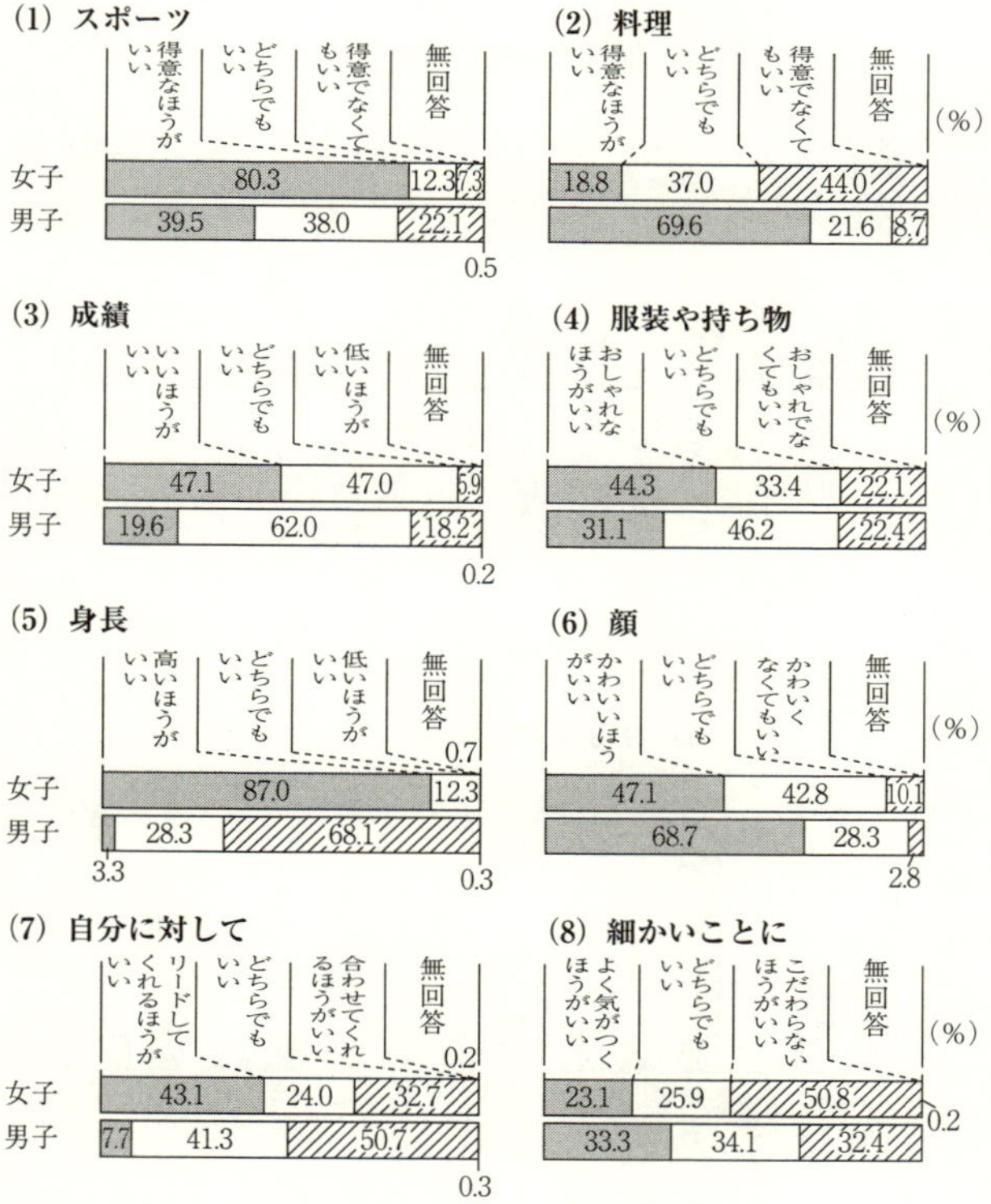

出典：中野区『小中学生の生活と意識に関する調査』1992年
注：「あなたが恋人にするとしたら、どんなタイプの男の子（女の子）がいいですか。それぞれの項目について、ひとつずつ答えてください。」への回答。男子N－598、女子N－575。

図表3－10　親世代における「モテる異性」の要素

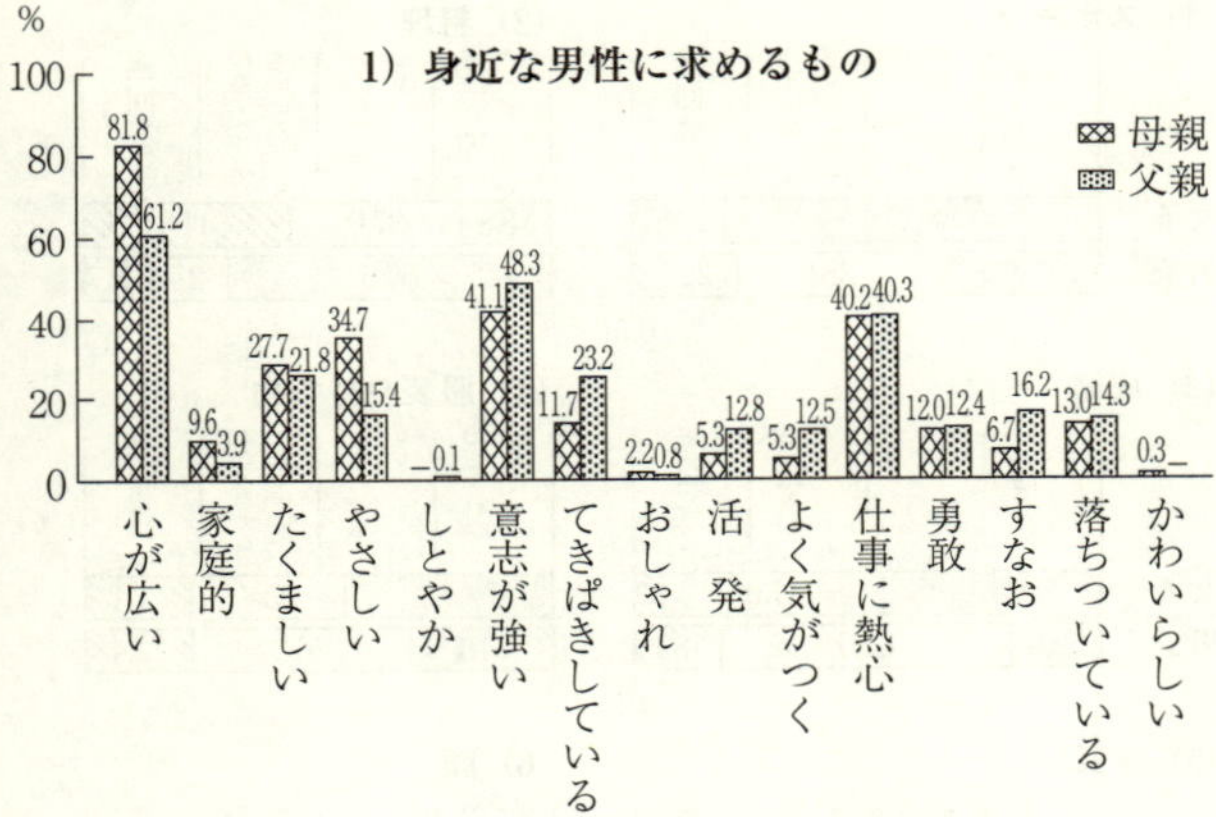

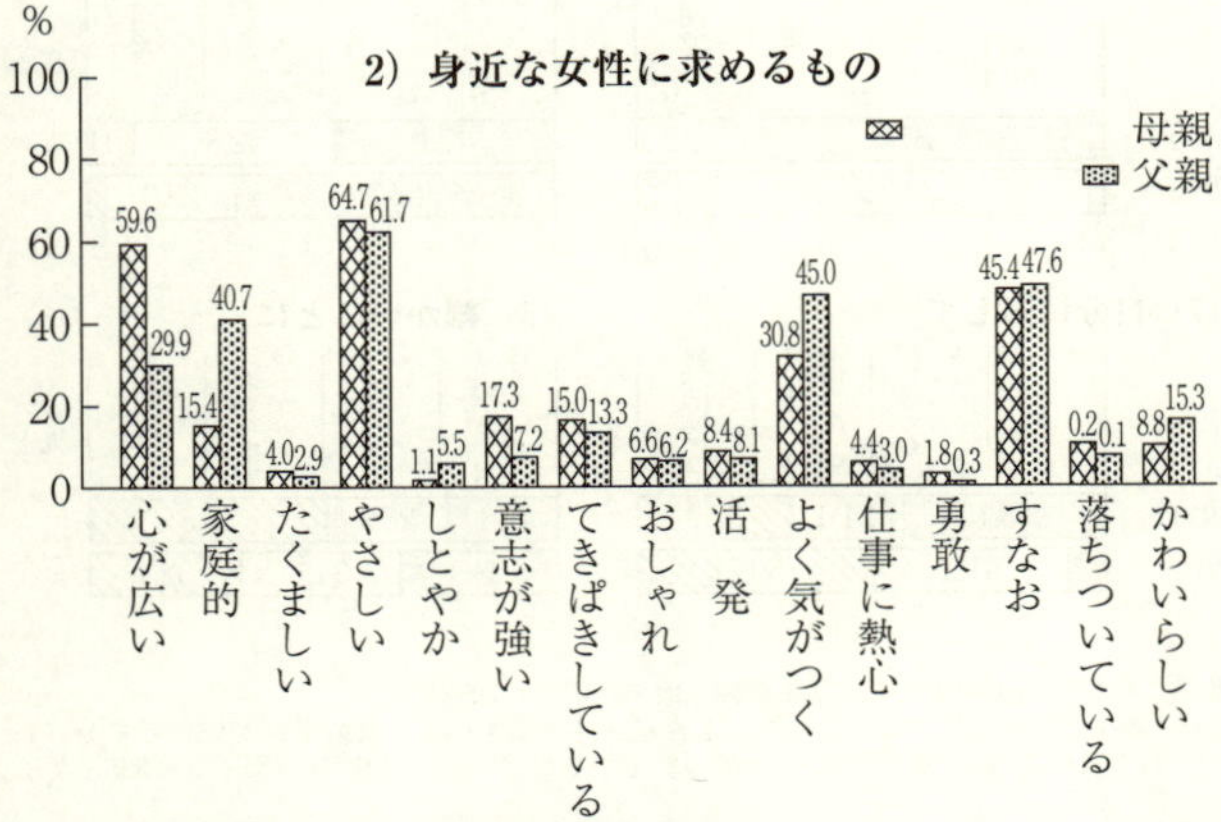

出典：中野区『小中学生の生活と意識に関する調査』1992年

注1）：「あなたは身近にいる男性／女性にはどうあってほしいと思いますか？次の中から3つまでお選びください」への回答。

注2）：母親N－1130、父親N－988

これは、論理的に逆の可能性もある。異性から性的に好かれる特徴を男らしさ、女らしさとして、社会が規定しているという言い方も可能だ。

【性愛規範の基本構造2】
男らしさ：それを持っていると女性に性的に好かれる確率が高くなる要素
女らしさ：それを持っていると男性に性的に好かれる確率が高くなる要素

例えば、「男性は身長が高い」というらしさ規範を取り上げてみよう。もちろん、身長が低い男性もいれば、高い女性もいるが、平均をとれば、男性の方が背が高いので、「背が高いこと」は、男らしさの象徴として機能する。そして、現実に多くの女性は、背が高い男性に性的魅力を感じるのである。これは、ある結婚支援センターのデータでも、収入などの要素をコントロールしても、背が高い男性が結婚相手として選ばれやすいことが実証されている【図表3－11】。これにも非対称性があって、「身長が低い」というのも、「女らしさ」の一要素ではあるが、背が高い女性に性的魅力を感じる男性も多いようだ。同じ

図表3-11　身長別の成婚退会比率

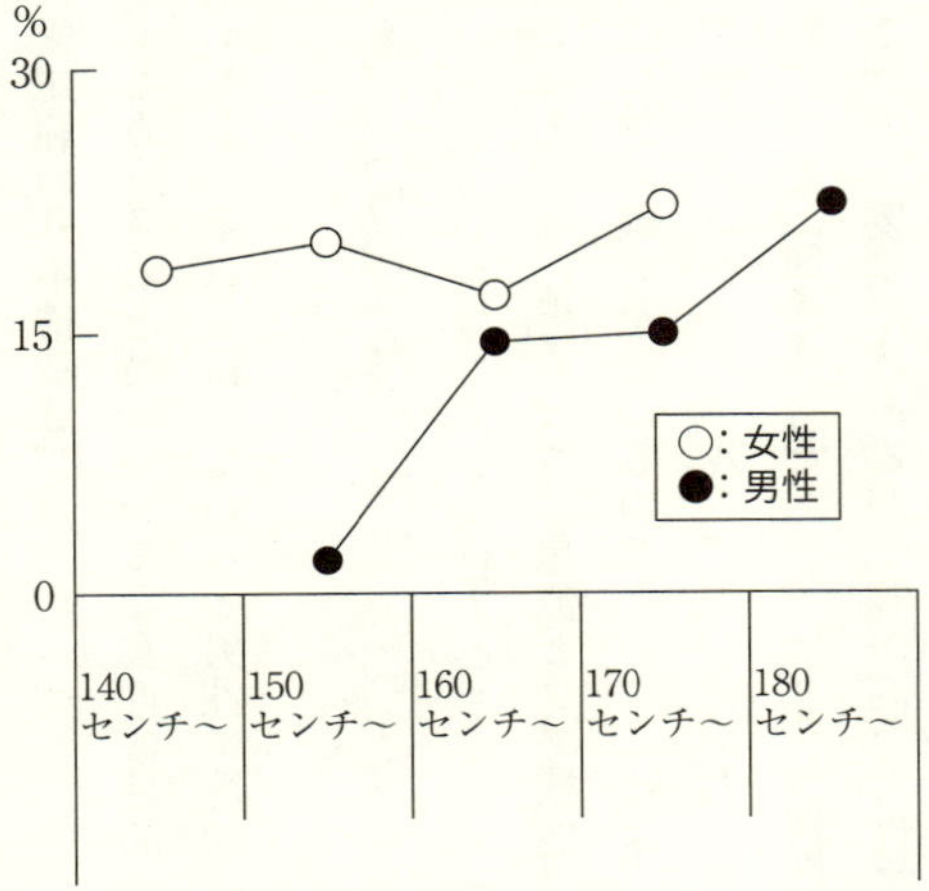

注：身長140〜149センチに男性が１名のみだったので、後のグループに含めた。
出典：小林盾、能智千恵子、「婚活における結婚の規定要因はなにか」『理論と方法』31－１号2016年

結婚支援センターのデータでも、女性の身長と結婚しやすさは全く関係がないことが分かっている。

ここで、性愛対象として好かれる資質を「性的魅力」と呼んでおくと、らしさ規範は一般的な「性的魅力」を作り出すという規則が導き出される。

もちろん、「大勢の人に好かれる必要はない、自分が好きになった人に好かれればよい」という言い方は真実である。しかし、自分が好きになった人（性的対象として選んだ異性）は、男らしい男性が好き、女らしい女性が好きという志向性を持っている場合が多いのだ。

つまり、らしさ規範に従うことと、深くコミュニケーションする性愛対象を獲得するこ

とが連動している。この連動性をなくすことは難しい。

フェミニズム運動の一つの主張として、女性らしい女性が男性から好まれることに対する異議申し立てがある。これは、性愛対象を選ぶことの中に、女性に対する差別構造が入り込んでしまっていることを問題にしており、ロジックとしては正しい。しかし、どのような異性を好むかという感情を、「理性の力」で変えることはできない。女性らしい女性が性愛対象として好まれるという感情が身についてしまっている限り、そして、性愛対象として好まれることが「らしさ規範」を作りだすという側面があるために、この異議申し立ては、女性からも広い支持を得られないのである。

†近代における「夫婦」の特権的位置づけ

ここで私は、「近代社会」のジェンダーに潜む基本的な構造を示したい。その構造は、近代社会においては、①夫婦は経済的な単位であり、少なくとも夫婦どちらかが市場で労働して収入を得、どちらかが家事をしなければならないこと、および、②夫婦は親密性の単位であり、夫婦になるには、恋愛なり見合いなりによって、お互いを気に入って選び合わなければならないことから生みだされている。

図表3－12　3種の性別規範

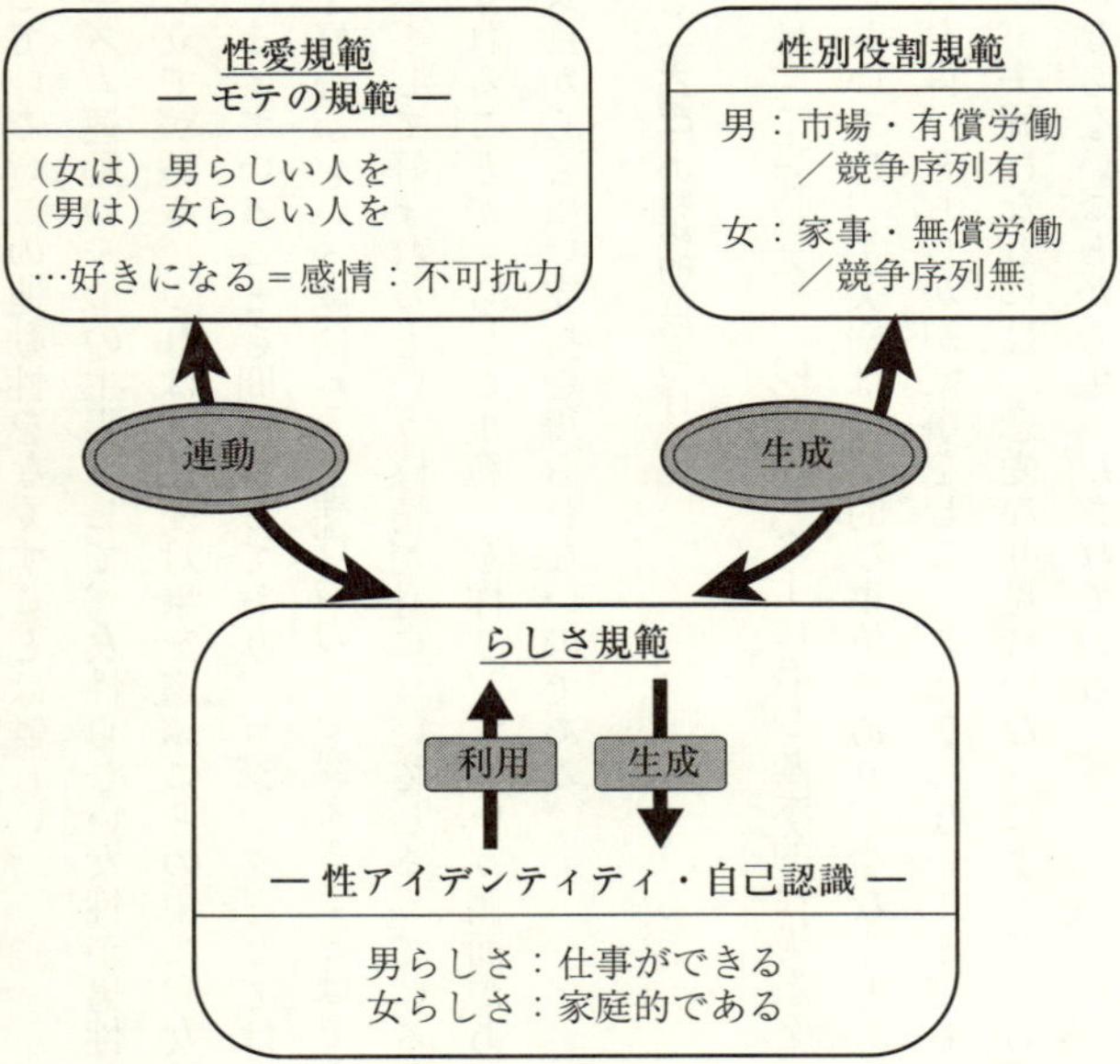

この二つの要件があることが、近代社会の男女関係を特徴づけるものとなっている。

前近代社会は、夫婦というよりも「家」が経済的単位であった。そして、市場労働と家事労働の区別がなかった。また、前近代社会では、結婚相手を相互に、より自由に選ぶということは原則できなかった。女性の「性的魅力」は、妾など、富裕な男性が結婚相手以外の女性を選ぶ基準、もしくは、売春等結婚外での遊びで、相手を選ぶ基準として主に機能していた。また、ほとんどの女性には、結婚相手や性愛の相手を選ぶ自由は原則なかった。

近代社会になり、相互に、より自由に結婚相手を選び、その結婚相手と生活、つまり、仕事と家事という分業をする時代になったので、男女関係の様々な問題が生じている【図表3-12】。

「男性らしさ」と収入を得ることが結びついており、「女性らしさ」と家事をすることが結びついている。そして、男性らしさをもつものは、性的対象として女性から選ばれやすく、女性らしさをもつものは、性的対象として男性から選ばれやすい。そして、外で収入を得る仕事と、無償の家事労働は、仕事として「非対称性」をもっている。これらの点が組み合わさって、男性としての生きにくさと、女性としての生きにくさに質的違いを作りだしている。次章でこの点を整理して、考察する。

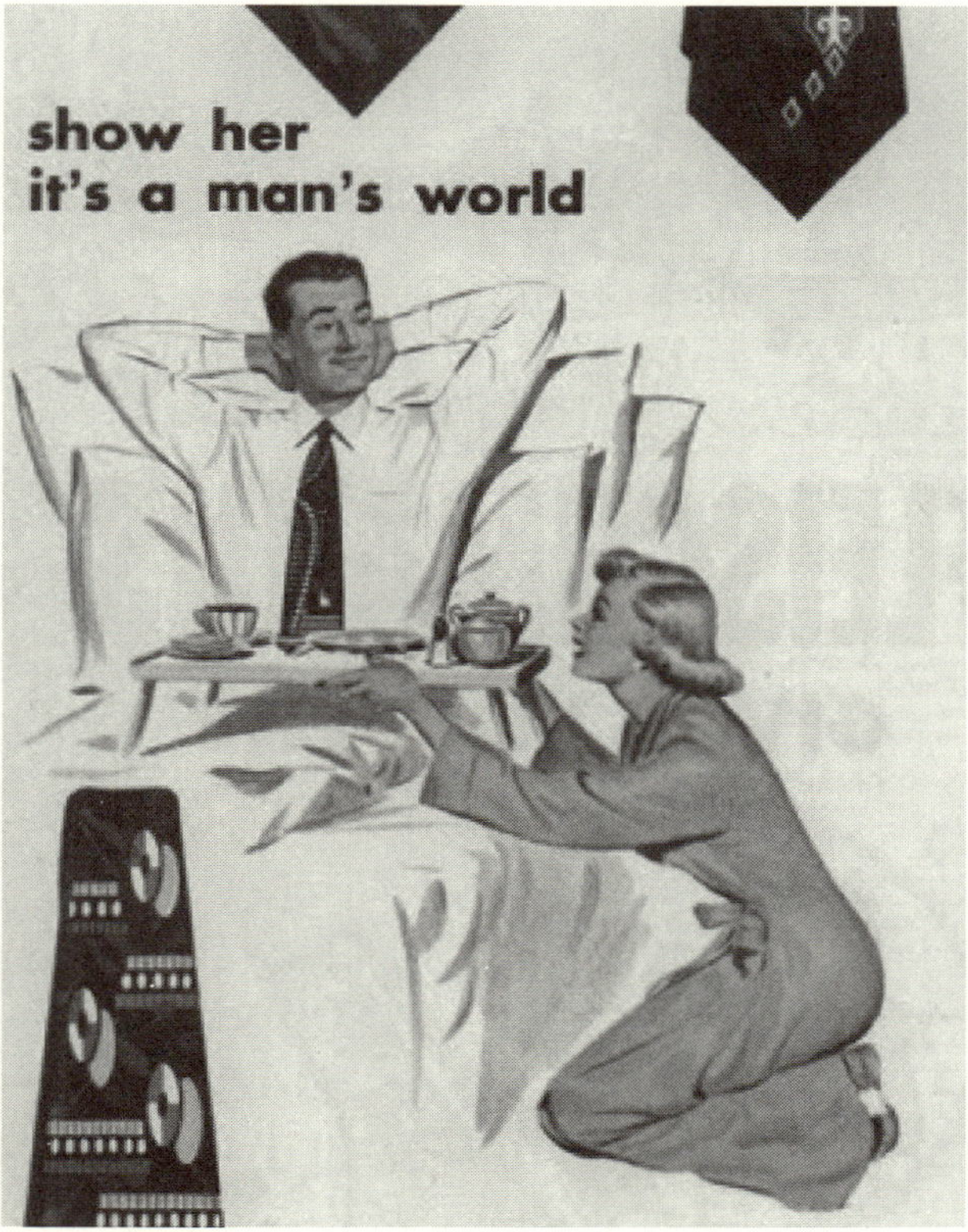

第４章

性差別の背景――できる女はモテないか？

1 「できること」と「モテること」――近代社会のアイデンティティ

†近代社会のアイデンティティ問題

まず、ここで、近代社会のアイデンティティ問題について考察しよう。
アイデンティティ概念の創始者であるエリクソンは、近代社会におけるアイデンティティの不安定性について指摘している。

前近代社会（伝統社会）では、宗教や地域社会、親族組織が、アイデンティティ感覚を供給していた。原則として、自分の生まれによって一生が決まっている社会である。コミュニティの中で生まれ育ち、親の職業を継ぎ、親の決めた相手と結婚し、同じ地域社会で仲間に囲まれながら生き、死んでいく。そのような状況では、「自分が何であるか」「ここにいていいのか」というアイデンティティの悩みは生じる余地がなかった。「自分が必要とされ大切にされている」というアイデンティティ感覚があらかじめ与えられ、コミュニティや宗教的教えに従っている限り、それが一生続くシステムと言ってよいだろう（もちろん、前近代社会でもマージナルな地位にいる人々には、アイデンティティ問題は生じるが、あくまで例外であった)。

†アイデンティティ形成という課題

近代社会は、社会学者アンソニー・ギデンズが述べるように、自分で自分のアイデンティティを作り上げる事が人生の課題となる社会である（A・ギデンズ『近代とはいかなる時代か?』)。おおざっぱに言えば、職業選択の自由、結婚相手選択の自由、そして居住の自由が一般的になる。好きな職業に就ける可能性、好きな相手と結婚する可能性、そして、好きな所に住んで好きな仲間と一緒にいられる可能性が開ける。しかし同時に、仕事に就くことができず自分が必要とされなくなる可能性、結婚して家族を形成することができず自分が大切にされない可能性、新しく生活を始めた場所で仲間外れになる可能性も生じてしまう。

近代社会においては、社会が自分を必要としてくれているという感覚は、「職業を持つこと」「結婚して家族を作ること」に集約される。アイデンティティが得られる職業（これを定職と呼んでおく）に就くことは、役割分業のシステムにかかわっている。結婚して新しい家族を形成することは、性愛システムにかかわる。もちろん、性的関係を含んだ相手をもつことが、今では、必ずしも結婚という形をとらなくなっていることは留意しなくてはならない。

　定職をもつと、自分が社会の中で必要かつ大切にされているという感覚を得ることが容易となる。そして、お互いに選びあった性愛の相手がいることは、個人として自分を必要とし大切にしてくれる人がいるという感覚を得ることができる。

　つまり、定職に就くことと結婚する（もしくは性的なパートナーを得る）ことが、近代社会において、アイデンティティを保つもっとも一般的な方法となる。それは、エリクソンが述べたように、主に「青年期の課題」となる（E・H・エリクソン『アイデンティティ――青年と危機』）。

　子どものうちは、親や学校の保護のもとにある。つまり、親に「必要かつ大切にされ」、居場所として学校が用意されている。しかし、学校を卒業し、一定の年齢になれば、親から離れ自立することが求められる。自分の力で、「定職」を見つけ、そして、結婚相手（もしくはそれに準じる相手）を見つけるという課題が生じる。そして、定職を見つけるための「能力」、そして、結婚相手を見つけるための「能力」を各人が身につける必要がある。それを各々「仕事能力」「性的魅力」と名付けておこう。

言い方を変えてみよう。近代人は、社会、そして、他人にとって必要な存在として認められたいという欲求、アイデンティティ欲求を持っている。そして、そのアイデンティティ欲求を満たすためには、定職に就く、結婚して家族を形成することが、近代社会では一般的である。その課題を満たすために「仕事能力」「性的魅力」を大人になるまでに身につけていく必要がある。

特に一九九〇年以降では、仕事や夫婦関係が不安定化している。定職を見つけにくくなっている上に、失業のリスクもある。夫婦関係においても、結婚相手が見つかりにくくなっており、離婚も増えた。つまりいつでも、今している仕事を失う覚悟、配偶者を失う覚悟が求められている。そのため、ますます、「仕事能力」「性的魅力」の重要性が増している。この点は、また後で論じる。仕事能力をとりあえず、「できること」、性的魅力を「モテること」と言いかえれば、分かりやすいかもしれない。

近代社会において、このできること、モテることが、どのようになっているかを考察し、それが、ジェンダー的にどのように構成されているかを考察していく。

†できること――仕事能力

まず、「できること」＝仕事能力に関するアイデンティティを考察していこう。「できること」は、「自己実現」「役に立っている」「役割がある」というように、社会の中で、自分の居場所があり、その貢献が評価されているという感覚とここでは定義しておこう。

役割分業のところで述べたように、近代社会は、分業システムを、公的領域と、私的領域に区分している（拙著『近代家族のゆくえ』参照）。いわゆる外と内の労働である。そして、公領域の中核には、市場システムがある。公領域における自分の貢献は、「職業」という形で組織化されており、市場システムを通じて「賃金」という形では実感できるものになっている。外での仕事は、単に、生活費を稼ぐためだけにあるのではない。アイデンティティの源泉としても意味がある。つまり、働いてお金をもらっているということが、社会で役に立っている証拠となるのである。

そこでは、社会において「役に立っている」という感覚が、お金、地位、職業的成功という形で量的に計算され、順位づけられることが特徴である。役に立つ能力が自分には備わっているという形でアイデンティティが構築される。

それに対して、私的領域での役割は、公的に評価されない。家事労働として一括されるこの領域での役割は、社会的にはささいなことという意味づけがなされることが多い。公的領域での役割に対しては目に見える「対価」が支払われるのに対し、私的領域での役割には、シャドウ・ワークとして、対価が支払われないでいる。いくらおいしい料理を作り、部屋をきれいに掃除しても、それが分かるのは家族だけである。家族という身近な存在から、感謝されたり、必要にされているという感覚は得られるが、計算されたり、順位づけされるわけではない。そして、家族がいなくても、自分のための家事労働はなされるかもしれないが、それは、誰かにとって必要とされるという意味を失ってしまう労働なのである。つまり、家族の存在に依存したアイデンティティなのである。いくら、公の言説の上で家事や育児はすばらしいといわれていても、自分は必要な仕事をしているというアイデンティティを直接実感するのに不利である。

そして、前章で述べたとおり、公的領域での仕事-男性の役割、私的領域での仕事-女性の役割という性別役割分業が実質的に存在するために、「できること」に関するアイデンティティ確認は、女性にとって不利となっている。「専業主婦の育児ノイローゼ」「妻たちの思秋期」など、家事労働専業の女性のアイデンティティ危機の実態を表す言葉がよく語られるのも、私的領域での「役に立っている」という感覚は、公的領域に比べて得にくいことと関連している。

そして、性別役割分業において、女性が主にする家事労働には、もう一つ不利な点がある。市場労働は、社会に対する労働である。一方、家事労働は、家族に対する労働である。社会がなくなることはないが、家族がいないというケースは存在する。

例えば、「サラリーマンと専業主婦」という組み合わせが近代社会では一般化した。ここでどちらかが欠けているケースを考えてみよう。専業主婦の妻がいなくても、サラリーマンはサラリーマンである。しかし、収入がある夫が存在しなければ、専業主婦は専業主婦でいることはできない。つまり、性別役割分業といっても、労働の不可欠性に関して非対称性があることを確認しておこう。

†モテること——性的魅力

次に、好かれること・モテること＝性的魅力に関するアイデンティティの近代的特徴を考察しよう。

近代社会において、定職をもつことと並んで、「自分が、必要とされ大切にされているという感覚」を得る大きな方法が、家族をもつことである。

人間社会は、コミュニケーションの体系でもある。そして、人には、コミュニケーションを取りたい人と、取りたくない人がいる。私的な領域においてアイデンティティを得るためには、親密なコミュニケーション関係を形成する必要がある。それを、近代社会では、「愛情」という言葉で表現している。つまり、愛情あふれる関係が人間にとって不可欠なものとして求められる。

通常、子ども時代は、親との間に親密な関係が形成される。しかし、大人になると、自分で親密になる相手を探さなくてはならない。そして、ギデンズによれば近代社会では、性的コミュニケーションを伴った男女の愛情関係が至上のものと価値付けられる（『親密性の変容』）。それゆえ、結婚相手をみつけ保つことが、コミュニケーションの領域でのアイデンティティ形成にとって非常に重要になる。子どもとの関係は、日本では通常結婚が前提とされるし、友人関係は、アイデンティティとしては限定的で不確実である。

つまり、近代社会において、自分が「愛される、好かれる」存在であるとの確信は、結婚する、しているという事実によって確かめられるという構造が存在している。

2 性差別の背景にある非対称構造

以上で、近代社会における性差別の基本構造を示す準備が整った。

前節で取り上げたとおり近代社会における二大アイデンティティ――仕事世界でのアイデンティティ〈できること〉・コミュニケーション世界でのアイデンティティ〈モテること〉――は、男女によって構造が異なっている。このことが、近代社会におけるジェンダーによる差別構造の背景に存在している。その基本構造とは、男性は、「(仕事が)できる」というアイデンティティが「モテる(異性から好かれる)」というアイデンティティに直結することだ。しかし、女性は、この両者が一致していない。

この構造は、具体的には、男性は「できる人がモテる」「できない人はモテない」ことを意味し、女性は「できること」と「モテること」の関係がないことを意味する【図表4-1】。これは、男女の生き方に大きな差異をもたらす。

男性は、男性の中で評価が高い人が女性からも好かれる。そして、男性社会は、競争社会であり、競争での勝者が、男性からも女性からも好かれる。つまり、近代社会において

図表4－1　近代社会の男女別「できる」×「モテる」基本構造

男性	できる人がモテる できない人はモテない（強い関係）
女性	できる人がモテるわけではない できない人でもモテる（無関係構造）

男性　仕事能力＝性的魅力　　　**女性　仕事能力≠性的魅力**

公的領域でのアイデンティティを追求すれば、女性から好かれる確率が高まり、親密性としてのアイデンティティも得られる。

一般的に女性から見た男性の魅力を表す要素として、体格的には背が高く力が強いこと、知的には役に立つ知識を持っていること、そして、性格的にはリーダーシップがあること、責任感が強いことなどがあげられる。これは「第1章冒頭の「女にとっての男」でみた「気がやさしく力もち」という条件と同じである。

これらの要素は、仕事における社会的成功に必要な要素と一致する。体格がよく、体力がある人は、仕事にも頑張りがきく。知的能力が高ければ、高収入の地位に就くことができる。リーダーシップ、責任感が強い人は、管理職に抜擢されやすい、などである。つまり、男らしさの要素、女性から好かれる要素をもった男性は、社会的に成功する可能性が高い。というよりも、社会的に成功しやすい能力をもった男性を女性が好きになりやすいという構造が存在している。

そして、「女性を守る」ことができる男性の魅力が高い。これも、力が強かったり、社会的に地位が高ければ、女性をいろいろな障害から守ることができるだろう。

これは、性別役割分業をベースとし、かつ、能力主義社会が育んできた「男性の魅力」である。専業主婦になることを前提とすると、結婚相手の男性の収入によって、女性の生活水準が異なってくる。この事実は、打算で相手を選ぶという側面を促進するだろう。しかし、重要なのはそれが、女性の感情システムに刻み込まれた好みであるという点である。女性は、成長する過程で、「できる男性」に魅力があるという価値観を「感情」として内面化する。その価値観に従って自然に好きになる相手は、結果的に社会的に成功する資質をもっている可能性が高いという関係が導かれる。

逆に言えば、社会的に成功する資質を持っていない男性に対しては、「恋愛感情」が起こりにくいということを示している。これも、単純な打算とは言いきれない。収入が低いから好きにならないというよりも、仕事能力が低い人は結果的に、仕事の対価としての収入も低いし、性的魅力も低い可能性が高いということである。

そして、この事実は、女性によって、「打算ではない」と主張されることが多い。ある女性研究者から「私は、学歴や職業で夫を選んだわけではない。話があう男性を選んだら、たまたま高学歴だっただけ」と言われたことがある。また、離婚者へのインタビュー調査をしていた時、夫の失業や事業の失敗が原因で離婚したという女性に何人も出会った。彼女たちは、お金の問題というよりも失業した男性に男としての魅力がなくなったと強調するのである。

このシステムを男性側からみれば、社会的に成功する仕事能力があれば、つまり、「できる」男性であれば、女性から選ばれやすい、つまり「モテる」ということ、逆に、仕事能力がない「できない」男性は、女性から選ばれにくい、つまり「モテない」ことを示している（さらに、男性からも評価されないということになる）。

そして、調査でも、年収と結婚の有無、恋人の有無は、男性において強く相関しているのである【図表4-2、4-3】。

†女性の魅力――できることとは無関係

次に、女性の魅力をみていこう。

図表4－2　20～30歳代男性の年収別既婚率

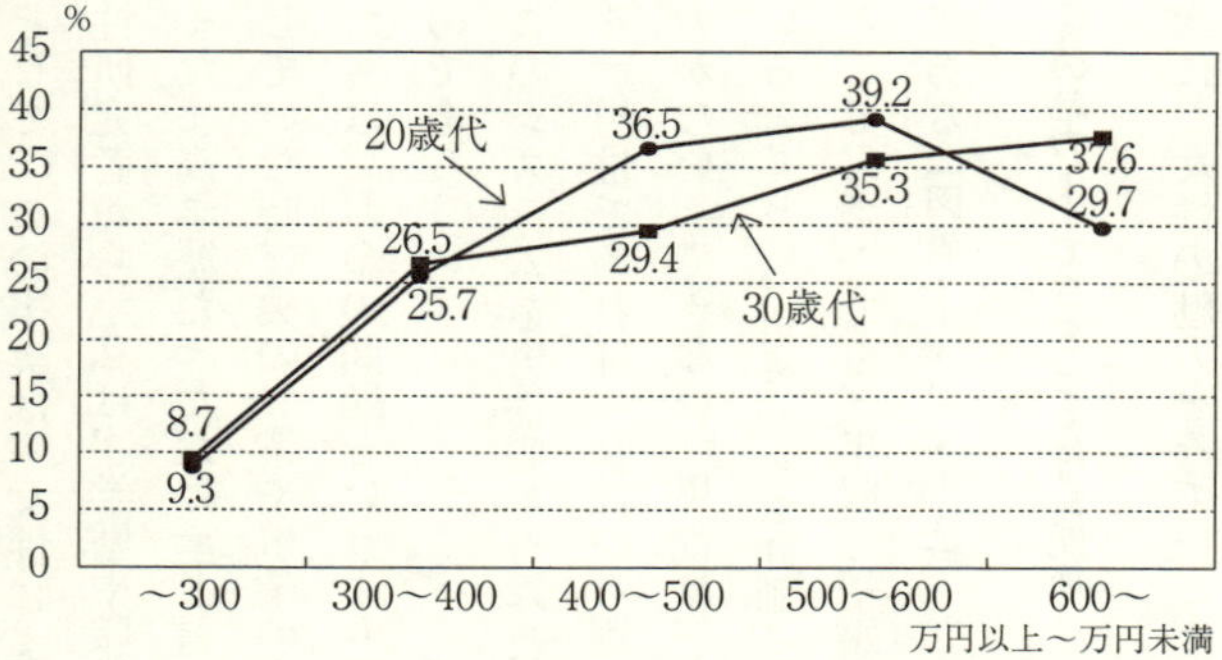

注1：20～30歳代の「未婚者」と同年代の「結婚3年以内の既婚者」のみを調査対象としているため、20～30歳代の「合計」は、20～30歳代の全体とは異なることに注意。
注2：性別・年代・未既婚は、総務省「国勢調査報告」（2005年）をもとにウエイトバック集計。

図表4－3　30代男性の年収別婚姻・交際状況

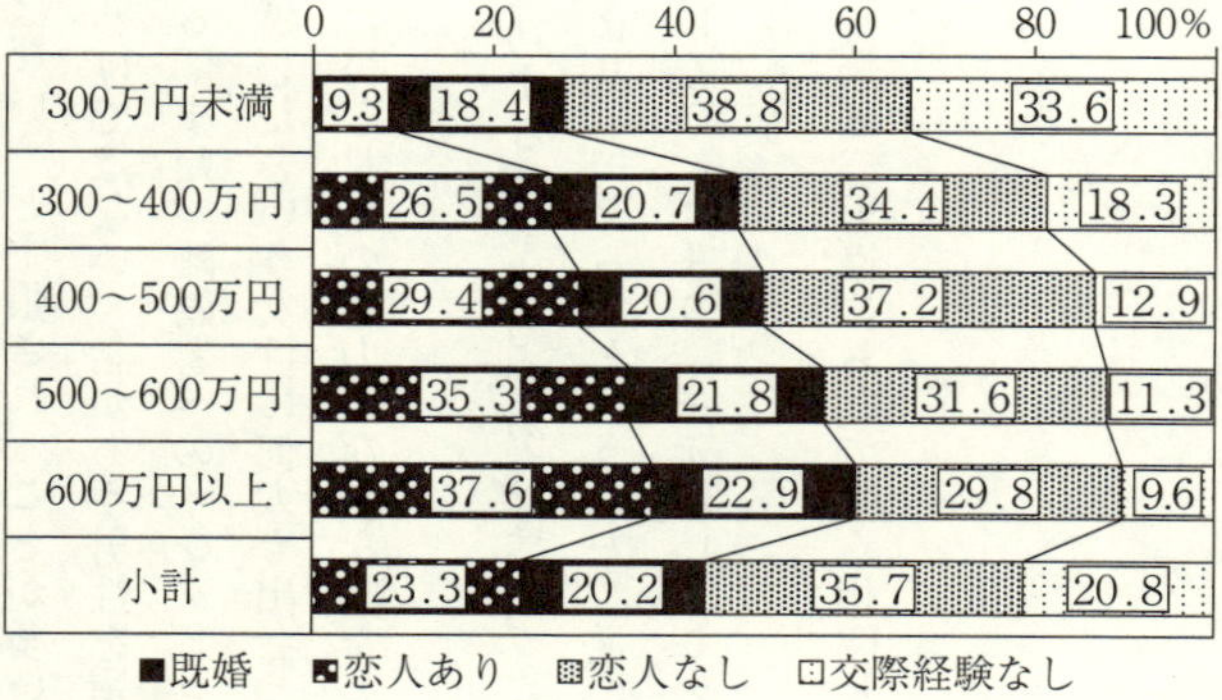

注：「300万円未満」は「収入がなかった」、「100万円未満」、「100万円～200万円未満」、「200万円～300万円未満」の合計。「600万円以上」は「600万円～800万円未満」、「800万円～1000万円未満」、「1000万円以上」の合計。集計対象者2122人。
出典：内閣府「結婚・家族形成に関する調査報告書」（2010年度）

女性の魅力として重視されるものとして、「容姿」「若さ」「性格」などが挙げられる。容姿や性格のどの要素に性的魅力を感じるかに関しては、女性が好む男性像に比べ、多様性があるように見える。スリムな女性を好む男性もいれば、グラマーな女性に惹かれる男性もいる。気の強い女性がいいという男性もいれば、守ってあげたくなるような、か弱い女性が好みの男性もいる。

これは、男性が好みの女性のタイプを内面化する際のモデルが多様であることを意味している。そして、どのような女性に性的魅力を感じるかという社会の価値観はかなり多様であることを示唆している。この多様であるということが、仕事社会で成功する能力とは無関係であることの一つの証拠になっている。

性別役割分業を前提とすると、男性は女性に稼得能力を期待する必要がない。それゆえ、女性の仕事能力は、性的魅力と無関係になりやすい。一方、男性は、家事や育児を女性に期待する。家事役割能力が女らしさと結びつき、結婚相手を見つける際の女性の性的魅力の一つになっている。

しかし、家事や育児という無償労働には競争がないため、それが役割としてのアイデンティティになりにくいことは前にも述べた。それゆえに、家事、育児がうまいということよりも、家事や育児などの家庭的役割を進んでやってくれるという性格的要素が、配偶者選択において魅力を感じる要素となる。つまり、家事が好きな女性が「モテる」のだ。

また、無関係と言っても、男性は、自分より「できる」女性を性的対象から排除する傾向がある。それは、できる女性が、男性が男性であるというアイデンティティを不安にさせるからである。むろん「できる女性」つまり、社会的成功をしている女性が必ずしもモテないわけではない（「できない」女性ができないがゆえにモテるわけでもない）が、あまりできすぎると、多くの男性から避けられることになる。

以上のような女性としての魅力を女性側から見れば、社会的に成功する要素、つまり、「できること」と、男性から選ばれる要素、つまり、モテる要素が異なることを意味している（さらに言えば、女性同士で好まれるという要素も異なる。女性は社会的成功だけでは、男性からモテるわけでもないし、女性から好かれるわけでもない）。

3 男女の生き難さの基本構造

†男女の生き方戦略のゆがみ

前節で述べた、近代社会における男女のアイデンティティの構造の違いは、男女の生き方の戦略に大きな違いをもたらし、生き方に制限を加える。その結果、どのような人が「生き難さ」を負うことになるかについて、大きな男女差をもたらす。

ここでいう生き難さとは、社会の中でのアイデンティティが得にくい状況をいうことにする。具体的には、社会の中で、自分のやっている仕事がなかなか評価されない、親密な関係がなかなか得られにくいことを意味する。

男性は、「できる＝モテる」という世界で生きて行かざるを得ない。その結果、できることへのプレッシャーが常にかかる。そして、できない男性は、徹底的に生き難い世界が待っている。女性は、「できる」ことと「モテる」ことが無関係である。それは、両方追求しようとすると相当のエネルギーを割かなければならないことを意味する。

†男性の生き難さ――プレッシャー

近代社会における男性の生き難さは、かれらが「できなければモテない」という世界に生きることからもたらされる。つまり、常にできなければいけないというプレッシャーに晒されることから生じているものである。

第1章2節で、「生き難さ」を示す指標として女性よりも男性の方が悪いデータとしてあげたものは【図表4－3】、このプレッシャーと関係している。自殺率、ホームレス数、ひきこもり人数などは、圧倒的に男性が多い。また、生活満足度も女性に比べれば低い。

男性は中高年の自殺率が特に高い。一九九八年以降、この世代の男性の自殺が多いのは、リストラや事業失敗などで、いままで「できる」と評価されていた男性がその評価を失ったからである。前節で述べたように、仕事の世界で評価を失った男性は、離婚されて親密な対象を失う可能性にも晒される。ホームレスに男性が多いのも、社会的に定職のない男性を受け入れてくれる人が少ないからである。そして、ひきこもりに男性が多いのも、仕事能力がなければ、男性として価値がないというプレッシャーが効いている。

仕事能力がない「男性」にとって、「できる」＝「モテる」という前提は、大変過酷である。「男性性」と「できること」が結合しているために、競争的仕事世界を降りることは、「男性」というアイデンティティを失うことと同一だからだ。さらに、「できる」ことは男性同士の評価に関わってくる。「できない男性」は、男性のホモソーシャルな関係からも排除されがちである。

現実に競争世界を降りてしまえば、男性として認められないために、女性の性愛の対象から外されてしまう。その結果、結婚できない、離婚される確率が高まる。そして、男性からも男性として認められない。そういう意味で、男性は、公的世界でのアイデンティティと私的世界でのアイデンティティ追求に関して、オール・オア・ナッシングの世界に生きているのだ。

男性としてのアイデンティティを満足させるために、「サブカルチャー」の世界で「できる」ことを追求する人々もいる。それは、ヴァーチャルな世界で競争して、「できる」ことを同好の士から認めてもらい、男らしさを保とうとする傾向に他ならない。現代日本社会ではよくみられる現象であり、サブカルチャーに没頭する人（いわゆるオタクと呼ばれる人を含む）が男性に多い理由である。けれども、それがヴァーチャルな世界でのアイデンティティである限り、「性的魅力」につながることはない。つまり、ヴァーチャル世界で成功したからと言って、現実の結婚がしやすくなるわけではない（まれに、同好の女性がいる場合は、ヴァーチャルな世界での成功が、彼女にとっての魅力に転化する可能性はある）。

†女性の生き難さ――ダブル・バインド

一方、女性は、「できる」ことと「モテる」ことが、分離した世界に生きることになる。すると、公的世界でのアイデンティティ、つまり、仕事で「できる」を追求したとしても、私的世界での女性としてのアイデンティティ、性的魅力が増すわけではない。逆に、時には、できる女性は、女性としてのアイデンティティを否定されることもある。

男性から選ばれるためには、性的魅力の有無が問題になる。それを身につけるためには、別の形での努力が必要になる。容姿での工夫や、家庭的であることが求められる。家庭的という中には、世話や家事が好きなこと、そして、気を遣うなど感情労働が含まれる。

人間のエネルギー量が一定であるならば、女性が公的世界でアイデンティティを追求し、かつ、私的な世界でも魅力的あろうとすれば、男性以上のエネルギーを使わなくてはならない。明らかに男性に比べて不利である。男性は家事をしなくても、家庭内で気を遣わなくても、仕事に専念できる。これが、公的領域で活躍したいと思っている女性には、差別となるのである。

いわゆる「スーパーウーマン症候群」、つまり仕事でもキャリアを追求し、かつ、家庭でも完璧に女らしさを目指す態度が生まれるのも、この構造があるからである。

これは、マイナスの側面ばかりではない。女性は、「できない」からといって「モテない」わけではない。公的世界で競争しなくても、女性としての性的魅力があれば、男性から選ばれ親密な関係を作ることができ、私的な領域でのアイデンティティが得られる。性別役割分業システムの下では、生活も保証される。競争から降りる自由があるという意味では、仕事能力が同等の男性と比較すれば、恵まれているとも言えるのだ。

もちろん、「できない」かつ「モテない」女性も存在する。しかし、女性は女性同士の友人関係でアイデンティティを得るという道も残されている。男性と違って、女性は、「できない」女性を親密関係から排除しない。自分を認めてもらうという意味で、アイデンティティの保持という観点から言えば、女性には、男性と違って、多様な道が存在する。

仕事の追求による社会からの承認、性的魅力による男性からの承認、そして、女性同士の関係性からの承認である。これらの承認を男性のように全て満足させようとすると、つまり、あらゆる社会領域で「他人からの承認」を得ようとすると、それぞれについて別のタイプの努力が必要になる。つまり、男性以上の努力が必要になる。

†再び「男と女とどちらが得か？」

以上が、近代社会における男女の生き難さの基本的な差異である。この差異は、「できる＝モテる」という世界で生きている男性と、「できる≠モテる」という世界に生きている女性が体験する「他人からの承認」のあり方が異なることによって、生じている。

ここで、第1章で述べた男性と女性とどっちが得か、損かという点について、改めて、述べておこう【図表4-4】。

できる男性、仕事能力がある男性にとっては、「できる＝モテる」という構造はとても得である。仕事ができれば、結果的に、女性からモテる、結婚という形で親密な相手も同時に得られる可能性が高い。また、男性同士の関係からも承認される可能性が高い。

しかし、仕事能力が発揮できない男性にとっては過酷である。仕事能力がないことによって、女性から親密な相手として選ばれにくいのだ。その上に、同性である男性からも相手にされにくいという構造がある。自殺率の高さ、ホームレス数の多さなどは、この構造の反映であると言える。

一方、仕事能力がある女性にとっては、仕事上での成功を目指しても、「女性らしくな

図表4－4　非対照な男女別「できる」×「モテる」構造

男性

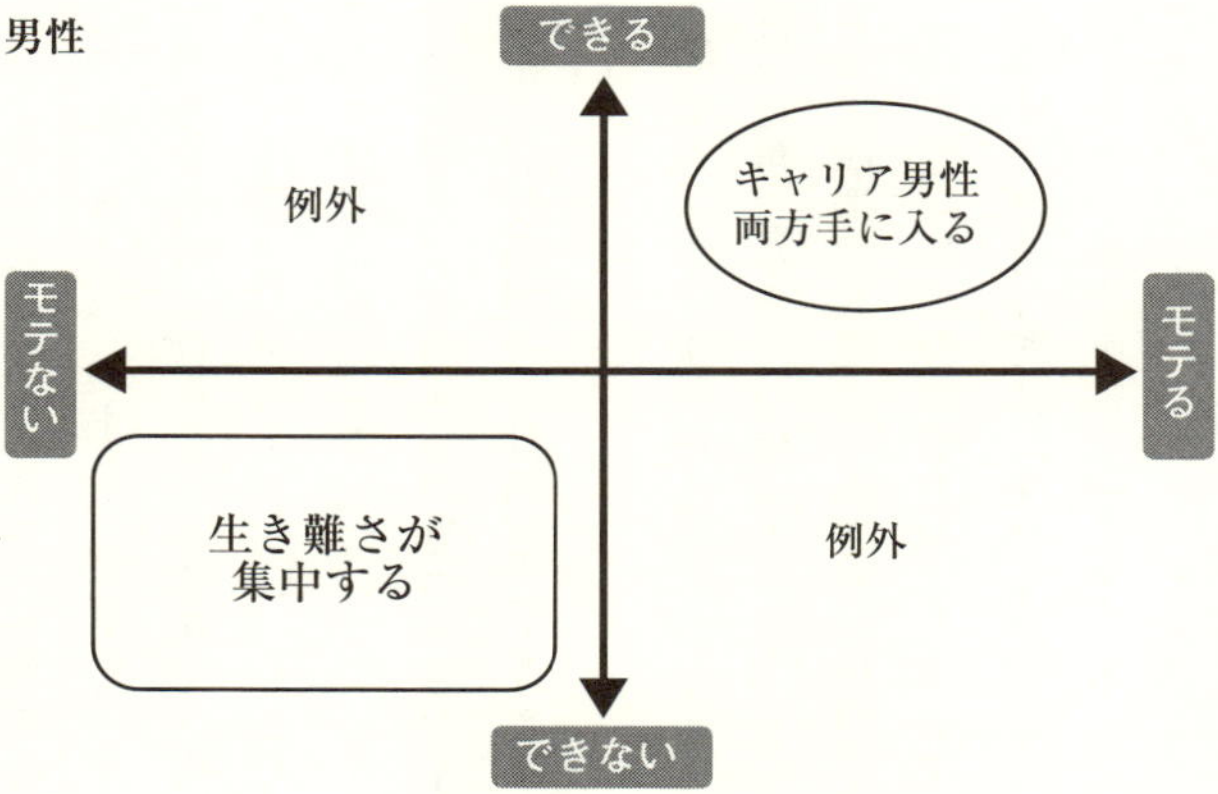

女性

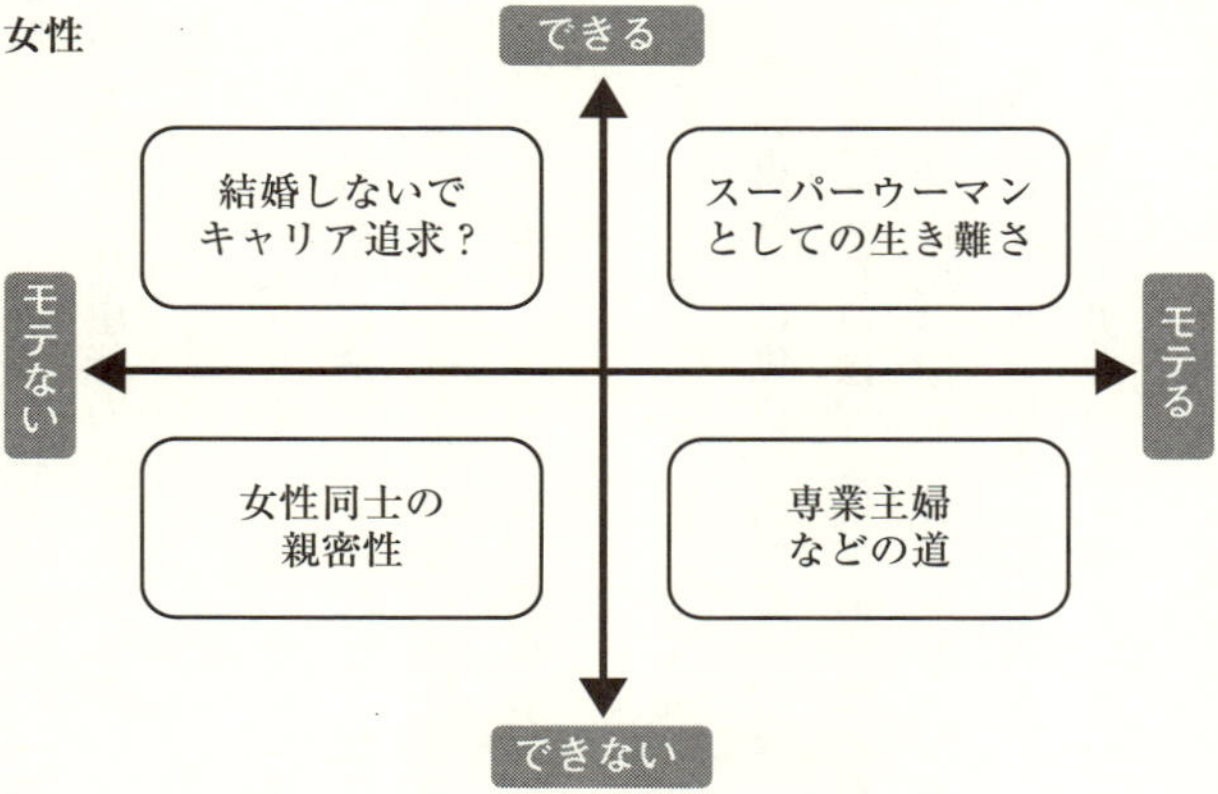

い」というレッテルをはられる。仕事での成功と同時に、男性との親密性を求めると「女性らしく振る舞う」、つまり、家事をすることを要求される。仕事能力を発揮する際に、余分な努力を要求されるという意味で、男性に比べ損である。

しかし、仕事能力があまりない、もしくは、発揮したくない女性にとっては、性的に魅力的であれば、結婚相手を見つけることができ、結果的に豊かな経済生活も送れる可能性がある。たとえ、結婚相手が見つからなくとも、女性同士での親密性を築ける可能性がある。つまり、仕事能力や性的魅力のなさをカバーする道があるという意味で、男性に比べ得なのである。

以上を鑑みると、近代社会のジェンダー構造のもとで、男性が得にみえるのは、「できる男性」に焦点を当てた場合である。しかし、「できない男性」に焦点を当てると、今のジェンダー構造は大変損にみえる。仕事で活躍したい女性から見れば、女性であることを認められるために余分な努力をしなければならない分、男性に比べ損していると思うだろう。仕事ができなくても、多様な道があると思えば、男性に比べ得と思えるのである。

現在、社会が構造転換を迎えていると言われている。これは、男女の生き難さにどのような変化を与えるであろうか。次章で検討していきたい。

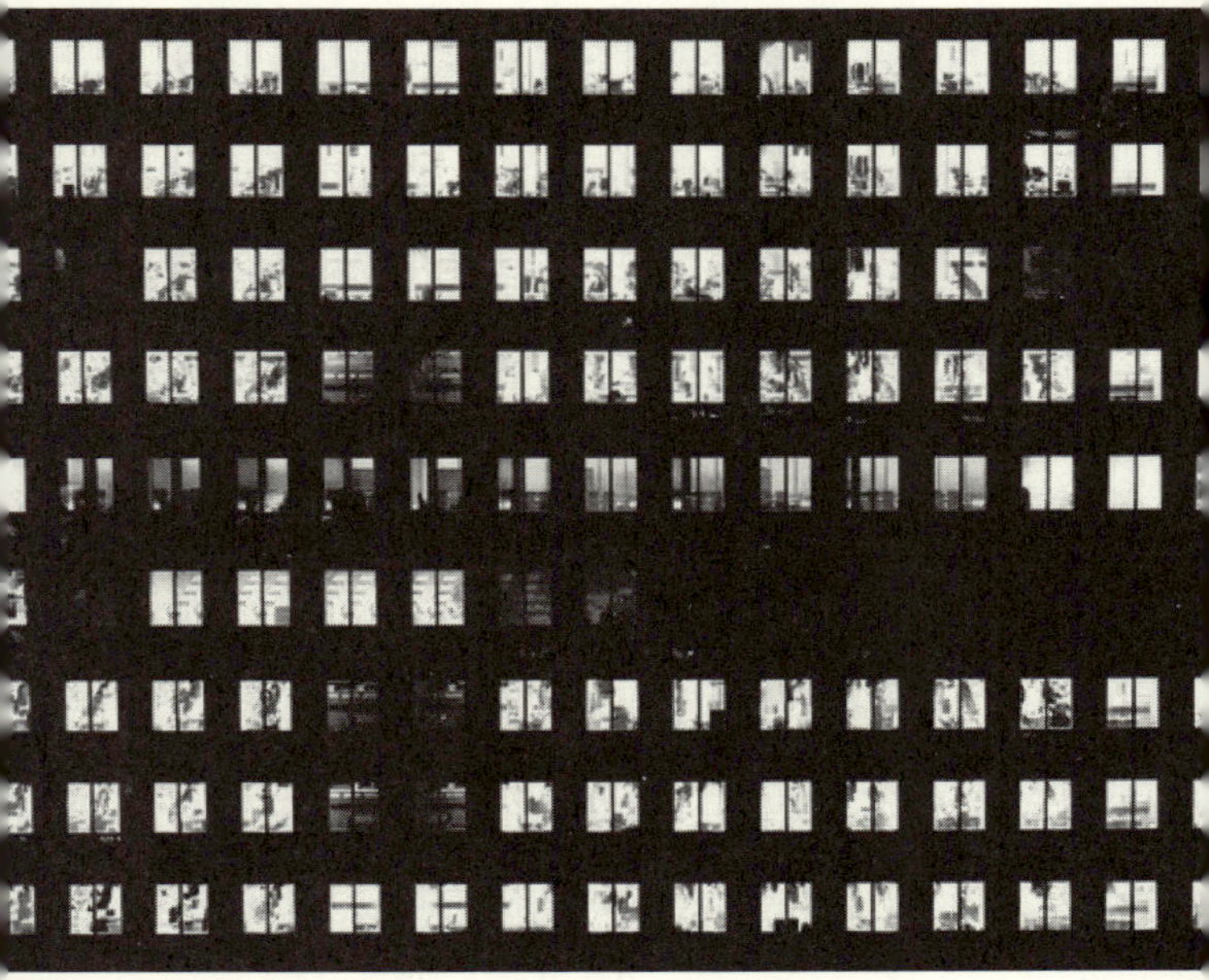

第5章
近代社会の構造転換――男女の生き難さの変貌

†近代社会の構造転換

近代社会における男女の生き難さの基本的な構造を示したが、現代社会において、その構造は変化しているのだろうか。

社会学では、一九七〇年ごろから、近代社会が大きく変容しているという議論が盛んである（ウルリヒ・ベック『危険社会』、バウマン『リキッド・モダニティ』、ギデンズ『親密性の変容』など）。ここでは、近代の構造転換の帰結である「伝統への異議申し立て」と「経済の更なる自由化」が、ジェンダーの基本構造にどのように影響しているかという点を考察してみたい。

近代社会の構造転換は、次の二つの要素を含んでいる。

① あらゆる差別に対する反対の意識の浸透、ライフスタイルの多様化の進展
② 経済の不安定化

いずれも、近代社会の本質である「伝統的規範からの自由」「経済的自由」が深化した

ために生じた変化である。順に考察してみよう。

1 フェミニズムの目指したもの

†若者たちの革命

一九六〇年代末から一九七〇年にかけて、欧米先進国では、若者たちが、従来の伝統的な社会規範のあり方に対して異議申し立て運動を活発に行った。その中心的考え方の一つが生活領域での「差別撤廃」であり、もう一つは「性の解放」であり、それらに基づいた社会運動が起きた。それらの運動は、従来の男性、女性のありかたについて異議を唱え、男女に生まれたことによる生き難さを消失させることを目的としている。

近代社会では、自分で選ぶことが出来ない属性による差別的取り扱いを「差別」として、その撤廃を求める力が働く。その中で、欧米では、人種と並んで、性別による差別が撤廃の焦点になり、ウーマン・リブと呼ばれる女性解放運動（フェミニズム運動）が盛んになった。そして、時期的には少し遅れるが、フェミニズム運動に呼応する形で、メンズ・リブと呼ばれる男性解放運動も出現する。

もちろん、差別撤廃は、近代社会成立以来の課題である。ジェンダー領域では、当初は男性にしか認められていなかった参政権は、一九世紀末の一八九三年ニュージーランドで認められて以降、ほとんどの国で認められるようになった（日本一九四五年、先進国ではスイスが一九七一年と遅い）。

このように、第二次世界大戦以降、選挙権や法律など公的領域でのあからさまな差別に関しては、先進国では、ほぼなくなりつつある。仕事領域での差別禁止も徐々に浸透している。しかし、政治や仕事領域自体は「従来の男性」をモデルとしてできている。政治参加や職場進出は進んでも、その背景にある「公的領域に参加するのは男性である」ことを前提とした慣習や意識に関しては、なかなか社会問題として取り上げられることはなかった。ましてや、男性の生き難さも、公の問題になることはなかった。

†第二波フェミニズム——男性解放論のめざしたもの

一九六〇年代末から欧米で始まる公民権運動は、選挙権や法律などの公的領域ではなく、日常的に生活する場である「私的領域」での差別撤廃を目指した。つまり、個人がもつ感情や意識、態度などに基づく差別現象を問題にしたのである。

アメリカにおける公民権運動では、例えば、バスなどで人種ごとに席が決まっていたり、アフリカ系お断りのレストランがあるなど、法律にはふれないが、日常生活の中での白人優位意識や差別的取り扱いを問題にした。

女性解放運動、いわゆるフェミニズムでも、単に政治や職場の問題だけでなく、私的な領域での男女差別を問題にした。それを江原由美子にならって「第二波フェミニズム」と呼んでおこう。そこでは、「家事労働」に関する不平等、性的関係における不平等が問題とされたのである（江原由美子『女性解放という思想』）。

当時は、アメリカや北西ヨーロッパでも、「男性は外で仕事、女性は家で家事」という性別役割分業が一般的であった（アメリカでは、一九五〇年の時点で、専業主婦率は七五パーセントだった。賀茂美則『家族革命前夜』参照）。外で働きたいという女性は変わり者だと思われ、家事や育児は、もっぱら妻に押し付けられていた（例えば、一九五〇年代にアメリカで作られ日本でも放映されていた『I love Lucy』というテレビドラマでは、仕事をしたいという妻ルーシーが、夫に「女なんかできる仕事などない」と言われるシーンがある）。

また、セクシュアリティに関しても、婚前、婚外の性関係に関しては、男性には許容されるが女性だけに純潔が求められるというダブルスタンダード（二重規範）が存在していた。そして、キリスト教の影響力が強い多くの欧米諸国では、堕胎は法的に禁止されていたし、避妊も望ましいものとは思われていなかった。性関係の結果生じる可能性のある妊娠という困難を女性が引き受けざるを得ない状況にあった。つまり、女性は性的対象としてしかみられず、性的な自主性を奪われているわけで、それがフェミニズムで問題とされたのである。

以上を受けて、女性解放運動の目標はまず二種類が掲げられた。一つは、「家事労働」の負担軽減である。これによって、男性と同じように、政治的、職業的な活躍が可能になる。そして、もう一つは、女性の性的な自己決定権の確立である。つまり、「ピル」や「堕胎」の解禁により、性的な自由を男性と同様に享受できるようになると見込んだのである。

そして、私的領域での差別が、公的領域に影響していることも問題にされた。家事負担が女性を家庭に縛り付け、女性は家庭的で性的対象という意識が女性の経済的、政治的活躍を妨げるという視点である。つまり、前章で述べた男女の生き難さに基づく問題が主題化されたのである。

それからやや遅れて、メンズ・リブの動きも現れる。「男性は仕事、女性は家事」という固定的な意識によって、被害を受けているのは女性だけではない。男性も、仕事に縛られ、他の生き方をする選択肢がないということを「問題」として認識することによって、男性解放運動も生まれたのである（伊藤公雄『〈男らしさ〉のゆくえ』参照）。

†男女平等への抵抗――感情に埋め込まれた差別

私的領域にかかわる男女の生き難さが主題化されると同時に、その変革の困難さも見えてくる。同じ差別的規範といっても、選挙権の問題や法律上の差別であれば、その条文を変えれば事足りる。しかし、人々の日常的行動や意識を変えるのは難しく、さらに、その根底にある「感情」を変えるのは、なかなか難しい。これは、女性（男性）差別だけではなく、人種やその他の差別が共通して抱える問題である。これをもう少し細かく見てみよう。

①好き・嫌いに埋め込まれた規範（第4章参照）

男として、そして女としての「生き難さ」の変革がなかなか進まない一つの理由は、差別的な規範が「好き嫌い」という感情に埋め込まれていることである。どのような男性を好きになるか、どのような女性を好きになるかは、自分の意志で決められない。感情は自然に生じるものであり、本人が意志で選択できないものである。できる男性を好きになってしまう女性、できる女性を女性らしくないと感じてしまう男性、性的に積極的になりたくないという女性、性的に積極的な女性を嫌だと思う男性は大勢いる。しかし、かれらの感情が差別的だから、そのような感情をもたないようにしろとは言えないのである。

これらの変革を行うには、どのような異性を好きになるかという感情規範の変革が必要である。そのためには、子ども期に与える「素敵な異性」のモデルを変えるようにする必要がある。例えば、「できない男性を好きになる女性」「性的に積極的な女性」というモデルを広める必要があるのだが、そのような誘導を意図的に行うことは困難である。

②男性である・女性であるという「アイデンティティ」の問題

そして、次の困難は、「男らしさ」「女らしさ」が、男性である/女性であるというアイデンティティを作り出すことにある。第3章で述べたように、「男性(女性)」として、みられるために、自ら「男らしさ」(「女らしさ」)の規範に従うのである。社会の中で自分の男としての／女としての居場所をもつことは、基本的な欲求であり、それによってプライドや安心感が保たれている。そのため、いくら性別規範が本人に困難を与えるものであっても、それから逃れることは難しい。例えば、「男は強くあらねばならない」という規範が力の弱い男性の生き難さを増しても、その規範が一般的に信じられている限り、男性としてみられることを諦めない限り、自分の弱さを認めること、強さを求めないことはできにくい。

そして、恋愛、結婚のためには、異性愛を前提とすると、男女はお互いに選びあう必要がある。その選択は、理性というよりも感情に基づいて行われる。「男らしさ、女らしさ」から生じる困難から逃れようとすれば、恋愛、結婚において新たな困難に直面してしまう。

ここが、人種差別などの他の差別とは異なる点である。人種差別の場合は、たとえ偏見や差別的な嫌悪感を持っていたとしても、日常生活、職業生活では、それを表に出さないことが可能である（もちろん、これが異なる人種とは結婚したくないなど結婚にかかわる問題となると、表に出ざるを得なくなるのであるが。）

2　ニューエコノミーと性別役割分業

†近代の工業社会とジェンダー構造

次に近代社会の構造転換の側面、経済の構造変化が、男女関係にどのような影響を与えたかを考察していこう。

近代社会は、「工業」を中心として発展を遂げてきた。企業が発展し、生産の機械化を進め、化石エネルギーを使用し、技術革新を繰り返すことによって、工業製品を大量生産し、それを売りさばく。工業国は、効率的生産によって経済成長する。労働者の収入は、経済成長によって増加する。家庭では、男性が企業等で働いて収入を得、女性は家事・育児など再生産労働を行う。結果的に、男性の収入が増加することによって、男女とも生活水準が向上する。以上のような循環で、工業経済と性別役割分業が相互に支え合って、マクロ経済の成長と、個々の家族の生活水準向上が両立して、社会全体が発展してきた。

これが、「男性は仕事、女性は家事」という性別役割分業の背景にある。そして、前章まで見てきたとおり、男性は仕事世界で成功することによって、「男性である」というアイデンティティを得、女性はそのような男性を好きになるという感情的規範を身につけている。一方女性は、家事や育児など無償労働をすることによって「女性である」というアイデンティティを得て、男性はそのような女性を好きになるという構造が存在する。つまり性別役割分業のあり方と、アイデンティティの持ち方、そして、配偶者選択に働く感情的規範が一致していた。

この性別役割分業意識は、性別による愛情の違いとも結びついている。お金やプレゼントを与えることが男性の愛情と意識され、気遣いや世話をすることが女性の愛情だと意識される。アメリカの社会学者カンシアンは、男性に典型的な愛情表現の仕方を「道具的愛情」、女性に典型的な愛情表現を「理解的愛情」と名づけている（Cancian 'Love in America'）。

「男性が仕事、女性が家事」を反対側から見れば、男性は女性の稼ぎを期待しない、つまり、親密領域で、女性の稼ぎを期待する男性は「男性らしくない」「女性に対して愛情がない」と言われることを意味している。そして、女性は男性に気遣いや世話を期待しないことが当然とされる。

そして、この性別役割分業に基づく社会が持続可能であるのは、ほとんど全ての男性が、定職に就き、男性同士の格差が大きくない場合に限られる。それには、仕事領域から女性を排除することによって、男性同士の競争を促すと共に、男性に男性としてのプライドを保たせ、女性から選ばれるのに十分な収入を得させる必要がある。

日本では、これは、高度成長期の社会に当てはまった。男性であれば、望めば正社員になり、終身雇用、年功序列によって、収入は上がっていく。多少格差はあっても、女性から見れば、「できる男性」として評価されることになる。一九九〇年頃までは、若年男性の大部分が、正社員、そして、安定した自営業の跡継ぎとして、十分な収入があったのである【図表5-1】。

†近代社会の構造転換の帰結——性別役割分業が不可能に

しかし、経済の構造転換が、この性別役割分業による男女関係の安定性を損なってしまう。一九八〇年代から、欧米を中心にサービス業を主体とした新しい経済の波が出現する。これを、ロバート・ライシュにならって「ニューエコノミー」と呼んでおこう（ライシュ『勝者の代償』）。グローバル化が進み、情報産業、文化産業などが勃興し、従来の工業を中

図表５－１　若年男性の正規・非正規雇用者数の推移

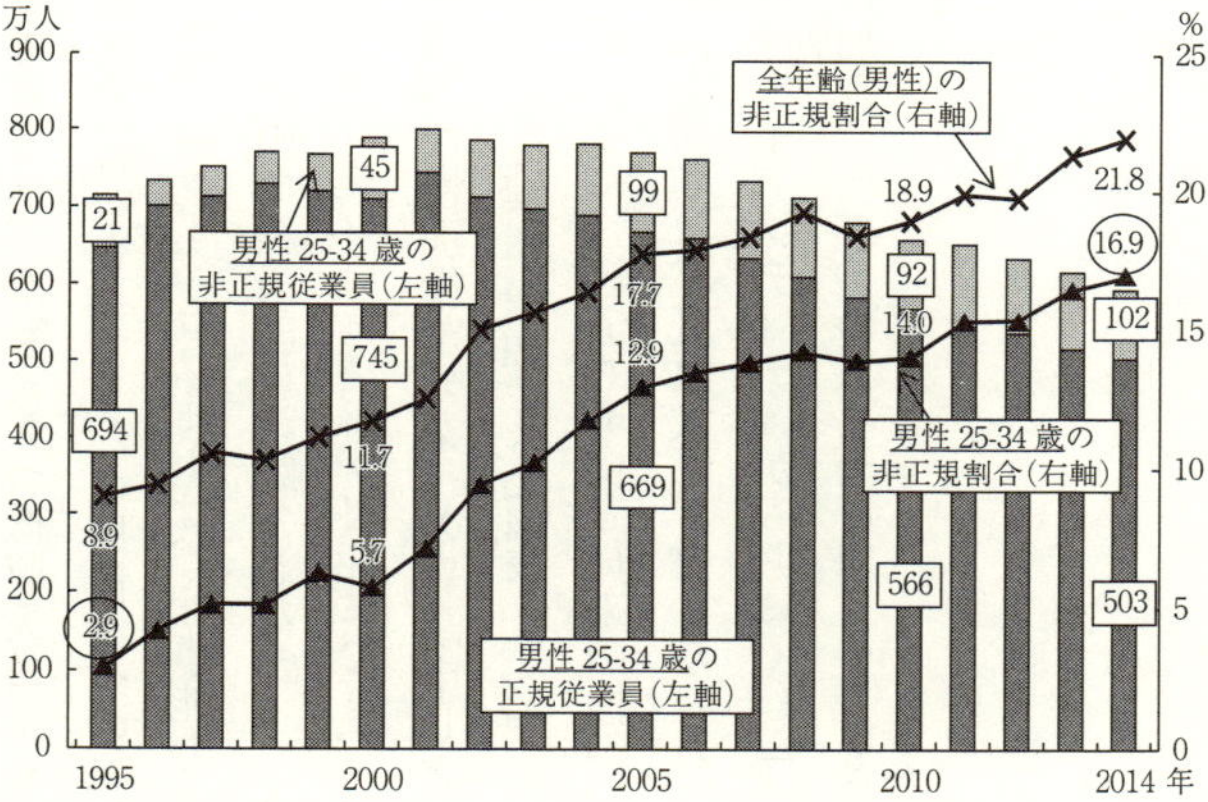

出典：2001年以前は「労働力調査特別調査」、2002年以降は「労働力調査（詳細集計）」（注１）「労働力調査特別調査」は各年２月の調査結果、「労働力調査（詳細集計）」は年平均値である。（注２）2011年の数値は補完推計値を使用している。（注３）「非正規の職員・従業員」について、2008年以前の数値は「パート・アルバイト」、「労働者派遣事業所の派遣社員」、「契約社員・嘱託」「その他」を合計した数値である。

心とした経済とは質的に異なった経済システムが形成される。そして、一九九〇年代から欧米から全世界に広がっていく。これは、日本やアジアも例外ではない。

男女の問題として重要なのは、次の二つの点である。まず、雇用が流動化することにより、男性の雇用が不安定化する。それだけでなく、ニューエコノミーの帰結として、新しい時代に適合した仕事能力があるものはますます高収入が期待できるようになり、逆に単純労働に就いている労働者は、不安定かつ低収入に留めおかれる。つまり男性の経済力格差が拡大し、「できる男性」と「できない男性」への二極化が進行する【図表5-2】。

一方、ニューエコノミーは、仕事能力のある女性の活用を目指す。つまり、従来はさまざまな理由で経済的に活躍できなかった女性も、仕事での自己実現、「できる」ことによるアイデンティティ獲得が可能になり、奨励されるようになる。これは、意識的には、前節で述べた性別役割分業への異議申し立てによってバックアップされる。結果として、「できる女性」が増加する【図表5-3】。

このように、経済的環境と従来の性別役割分業との間で矛盾が生じる状況が出現した。現実の生活では、既婚女性も働かなければ、十分な生活が送れなくなる。一方で、従来型の男性アイデンティティがもちにくい「できない男性」と、従来型の女性アイデンティティに加えて仕事上のアイデンティティも追及する「できる女性」が大量に出現することになる。

図表 5 - 2　ジニ係数の変化

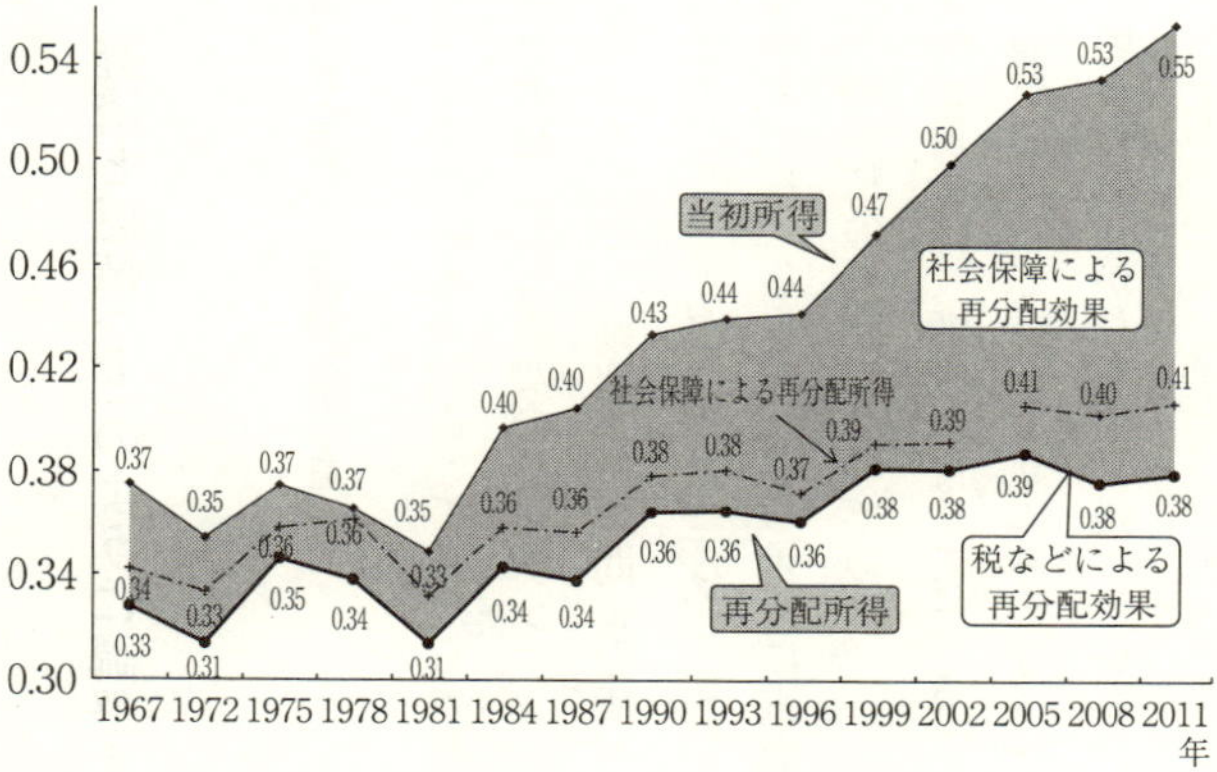

出典：厚生労働省「所得再分配調査」
（注1）「当初所得」は、雇用者所得、事業所得、農耕所得、畜産所得、財産所得、家内労働所得及び雑収入並びに私的給付（仕送り、企業年金、生命保険金等）の合計額。公的年金等社会保障給付金は含まない。（注2）「社会保障による再分配所得」は、2002年は当初所得に現物給付、社会保障給付金を加え、社会保険料をひいたもの、2005年以降は当初所得に社会保障給付金を加え、社会保険料をひいたもの。（注3）「再分配所得」は、当初所得から税金・社会保険料を控除し、社会保障給付（現金・現物）を加えたもの。

図表 5 - 3　ニューエコノミーによる仕事世界でのジェンダー構造の変化

近代社会	現代社会
できる男性	できない男性の増加
できない女性	できる女性の増加

3　経済と感情をどのように調整するか

†経済状況と近代の感情制度の矛盾

ニューエコノミーによってもたらされた性別役割分業を許さない経済状況と、性別役割分業を前提とした男女のアイデンティティおよび配偶者選択の感情的あり方（加えて男女のアイデンティティ確認）との間に矛盾が生じている。

つまり、「できる」と「モテる」の折り合いをどうつけるかが、現代社会の大きな課題になっている。そして、その矛盾に直面して、欧米と日本では、違う道を歩きだしているというのが私の見立てなのである。

端的に言えば、欧米では、「できる」と「モテる」を切り離す方向で、男女のシステムの再編が進行しているようにみえる。一方、日本では、いまだ、近代的性別役割分業に基づく男女のありかたが強く残っている。

†欧米でのジェンダー構造の変化

フェミニズム運動の浸透、そして、経済構造の変化によって、欧米では、近代社会の基本的なジェンダー構造が変化しつつある。女性も市場社会で活躍しなければ、経済的に豊かな生活どころか、生活するのも難しいという状況が広がったからである。「男は仕事、女は家事」とは言っていられないということである。

「男性らしさ」「女性らしさ」に関しての変化がみられ、性別役割分業との関係が弱まっていく。つまり、市場領域で活躍することが男らしいという意識が薄れる。経済的成功を追及する女性を、男性らしいとは言わなくなる。そして、家事をしない女性が、「女性らしくない」と言われて非難される度合いが少なくなる。

それに伴い、配偶者選択、愛情における性別役割分業規範が弱体化しつつある。男女とも経済的に自立するのが原則である。その結果、「できる女性」が配偶者選択にとって不利になる度合いが減っていく。むしろ、感情的にではなく、経済的に稼ぐ女性と積極的に結婚したいという男性も現れる。「できない男性」も、恋愛、結婚対象として選ばれるチャンスも出てくるのである。つまり、できる女性がモテないわけではなく、できない男性がモテないわけではない。

そして、できる女性にとって、男性には可能だった「できる」と「モテる」を両立させる手段が増えてくる。それは、「家事をしなくても女らしくないとは言われない」ことが前提である。海外では、住み込みのホームヘルパーを雇用したり、家事育児を外部委託したり、夫の手伝いを要求することが、当然になっていく（ただ、ホームヘルパーは通常メイドと呼ばれ、ほとんどが女性であり、介護などの仕事でも女性が多いのは、いまだ、仕事であっても、家事的仕事が女性らしいという意識が残存していることを物語っている）。

では、恋愛感情の基礎にある「男らしさ・女らしさ」は、どのようになっているのだろうか。これは、純粋な性的魅力への復帰がみられるのではないだろうか。つまり、外見的にセクシーであることが、男女ともモテる条件として現れる。性格や趣味、価値観などの一致も要求されるようになる。「できる」と「モテる」が切り離されたからと言って、「モテる」人と「モテない」人の格差がなくなるわけではない。

その結果、「できる」女性の生き難さは減少したかもしれないが、「できない」女性が「できない」男性と同じように生き難い社会になっている。家事好きということで「モテる」ことに活路を見出していた女性も、経済的自立を迫られるからである。

これは、橘木俊詔氏が述べるように、「女女格差」が生じているということで、大きな問題をはらんでいるが、男女関係の問題からは離れていくのでここでは指摘するだけに留めておく（橘木俊詔『女女格差』）。「できる」ことと「モテる」ことが分離し始めていることが重要である。

†日本――なかなか変わらないジェンダー構造

では、日本ではどのような状況なのだろうか。日本でも、一九九〇年代後半以降、ニューエコノミーが浸透し、特に非正規雇用の若者が増えている。男性の中で、妻子を養って豊かな生活を実現できる、つまり、女性から「できる」とみなされる男性の割合は確実に減っている。一方、一九八五年の男女雇用機会均等法成立に見られるように、女性でも「できる」ことを追及できる環境が整いつつある。日本でも、性別役割分業を前提とした「男女関係のあり方」が崩れはじめ、性愛感情の規範や、らしさ規範との間に亀裂が入りはじめているということである。

しかし、日本では、なかなか変化が見られない。

例えば、「男が主に働き、女が主に家事」という性別役割分業の実態は、現実にはほとんど変化がない。確かに、女性労働力率は高まり、既婚夫婦の共働きは増えている。しかし、二つの点から見ると欧米のように、「できる」と「モテる」が分離しているとはいえない。

まず、日本では、共働きと言っても、既婚女性の就労は、「非正規雇用」が主である。そして、女性の非正規雇用率は、未婚、既婚にかかわらず、一九九〇年代半ば以降むしろ高まっているのである。日本社会では、一度非正規雇用になってしまうと、昇進、そして、やりがいという点で、たいへん不利になる。「できる」ことによってアイデンティティを追求しようとしても、それが現実的に無理な状況ができてしまっているのである。そして、たとえ、正規雇用に就いたとしても、日本的雇用慣行は、長時間労働、つまりは、「専業主婦」がいて家事・育児責任を負わないことを前提としている。つまり、女性が「できる」ことを追求しようとすると、現実的に「家事責任」を誰かに担わせなくてはならない。未婚であれば家事責任はミニマムで、若い時期はパラサイトシングルとして同居の親に見てもらうことはできる。しかし、既婚で子どもをもつとなると、親等の援助がなければなかなか難しい。欧米では、外国人メイドなどを比較的安い賃金で雇用することが容易であるが、日本では長らく外国人メイド雇用は禁止されてきた。また、家事育児責任を果たそうとしない女性に対して、「女性らしくない」という非難の圧力はいまだ強い。

実際に、フルタイムでの共働き夫婦は、男女雇用機会均等法ができたのにもかかわらず、一九八五年に比べ二〇一四年の方がむしろ減少している【図表5-4】。

性愛構造の方もなかなか変化しない。私が『パラサイト・シングルの時代』で指摘したように、日本の未婚者の大部分は親と同居している（二〇一〇年時点で男女とも約八割）。そのため、意識上の「男性の魅力は、仕事能力」という感情規範がなかなか変化しないのである。どういうことか見てみよう。

非正規雇用の増加や、正社員であっても給与が増えないことからも明らかなとおり、「できない男性」、つまり収入的に妻子を養うことができない男性が増えている。彼らは女性から性愛対象としても選ばれにくい。ところが、女性たちの方はというと親と同居しながら、彼女たちにとって「魅力的な男性」を待ちつづけることができる。一方、収入が低い男性も親と同居しながら、自分を選んでくれる女性を待ちつづけている。要するに、環境が変わらないまま、かつ、従来型の性別役割分業意識が変わらないまま、それが実現できる層と、それが実現できない層に分裂しているのが、現状である。実現できる層とは、従来のように「できる」男性と、彼らと結婚した「（できるできないにかかわらず）モテ

図表５－４　共働き夫婦の就業形態

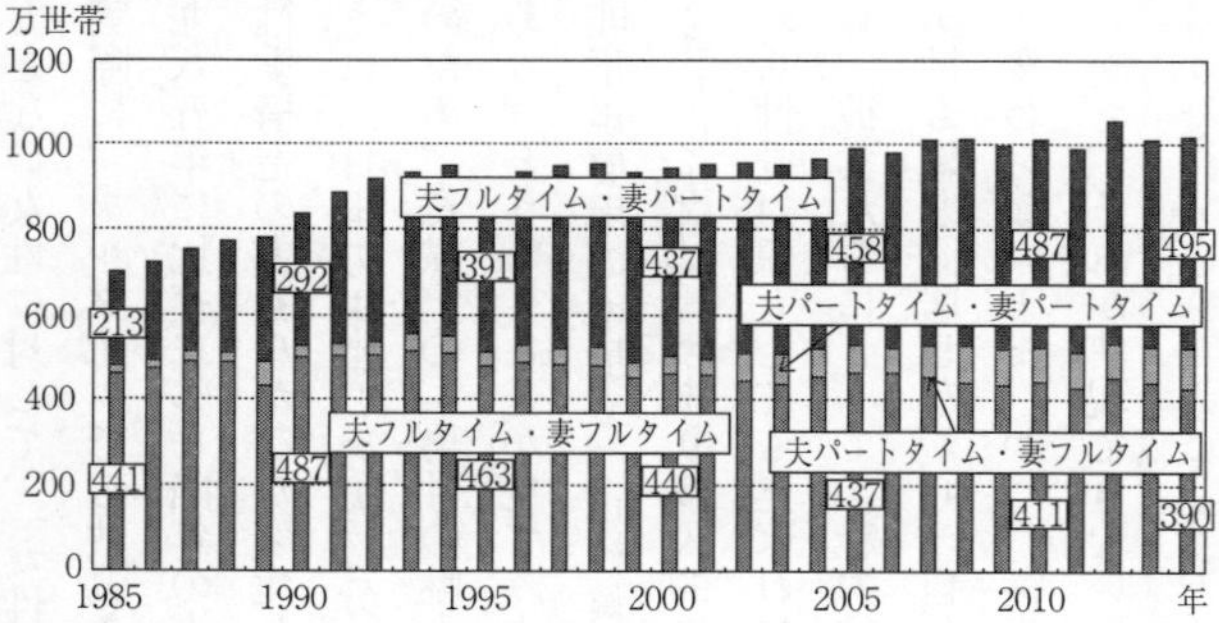

出典：2001年までは総務省「労働力調査特別調査」、2002年以降は総務省「労働力調査」
（注１）「労働力調査特別調査」は各年２月の調査結果、「労働力調査」は年平均値。
（注２）全都道府県（2011年は岩手県、宮城県及び福島県を除く）の数値を用いている。
（注３）「フルタイム」は、週間労働時間が35時間以上の非農林業雇用者、「パートタイム」とは、週間労働時間が34時間以下の非農林業雇用者である。

図表５－５　未婚女性の期待と現実の男性の収入のギャップ

(1) 結婚相手に望む年収

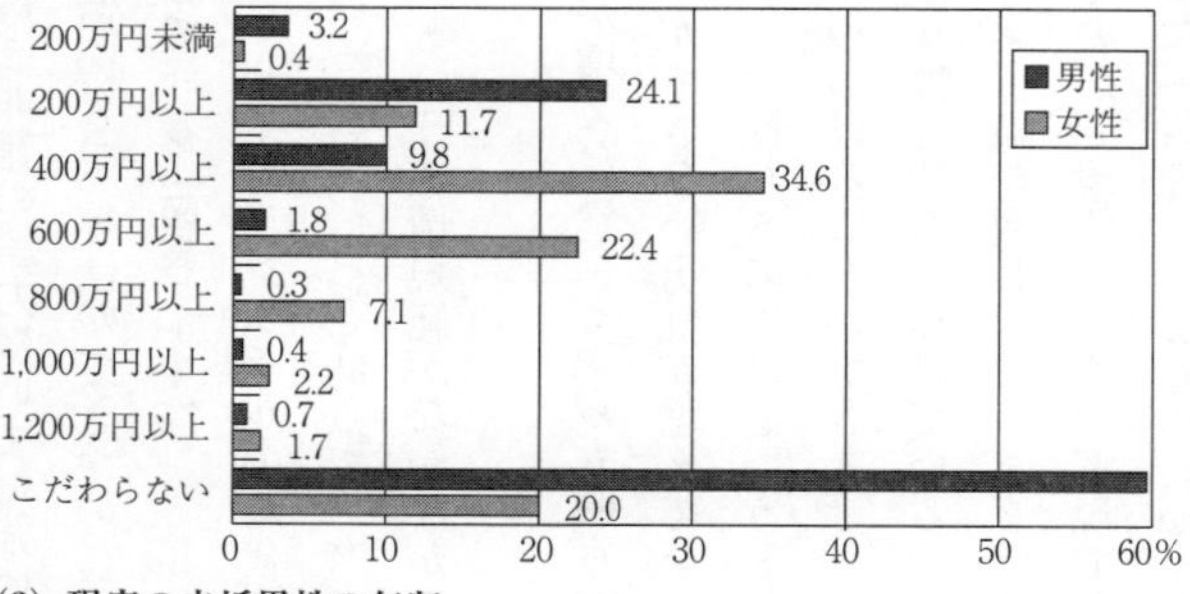

(2) 現実の未婚男性の年収

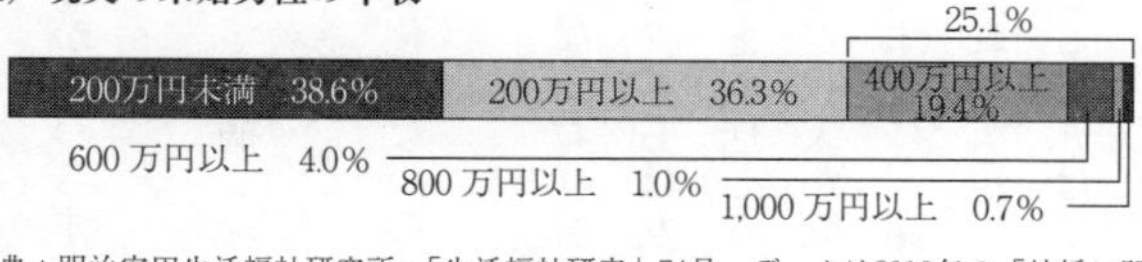

出典：明治安田生活福祉研究所・「生活福祉研究」74号。データは2010年の「結婚に関する調査」（全国20〜39歳、4120名の未婚者が回答）

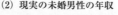

る」女性である。実現できない層とは、増大しつつある「できない男性」と、「できる男性」と結婚できなかった「モテない」女性である。

何度も引用しているが、いまだに、女性は結婚相手の男性に一定以上の収入を求める。それは、私が加わった次の調査でも明らかである【図表5-5】。

この調査にも現れているように、女性で結婚相手の年収にこだわる人は未だ多数派である。一方、男性は結婚相手の年収には期待しない人が多数派である。

この調査結果をイギリスで発表した時に、イギリス人の大学教授から、「本当にこんな質問を日本ではできるのか」という質問を受けた。まず、結婚相手を年収で選ぶという質問をすることは相手にとって失礼である、そして、イギリス人は、たとえ心の中で相手の年収が高い方がよいと思ったとしても、意地でも「こだわらない」と答えるはずであると言っていた。つまり、イギリスでは「愛情」で選ぶべきであるという規範が強く、その愛情も経済的なものに関連すらさせるのはよくない、という規範ができているということであろうか。

†日本のジェンダー構造のゆくえ

考察してきたように、女性にも「できる」ことを追求するという意識が広がり、経済の構造転換による「できない男性」も増加している。しかし、今のところ、近代社会のジェンダーの基本構造、「性別役割分業」に基づく、アイデンティティ意識（仕事上で「できる」というアイデンティティを求める男性、家事をするのが女性らしいというアイデンティティに縛られる女性）、性愛構造（「できる」男性が女性から選ばれる、「できない」男性は選ばれない）は、なかなか変化しないように見える。

そのため、第4章末で述べた「女性として生き難い女性」の困難、つまり、男性を見つけられない女性、「できる」と「モテる」両立の負担を担う女性の困難はなかなか解消されない。そして、男性として生き難い男性の、女性から選ばれないという困難はなかなか解消されない。というよりも、「近代のジェンダー」構造によって困難を強いられる人々が男女とも増えていく。

このような状況はこれからも続くのだろうか、欧米のようになるのだろうか、今後の変化を注目していきたい。

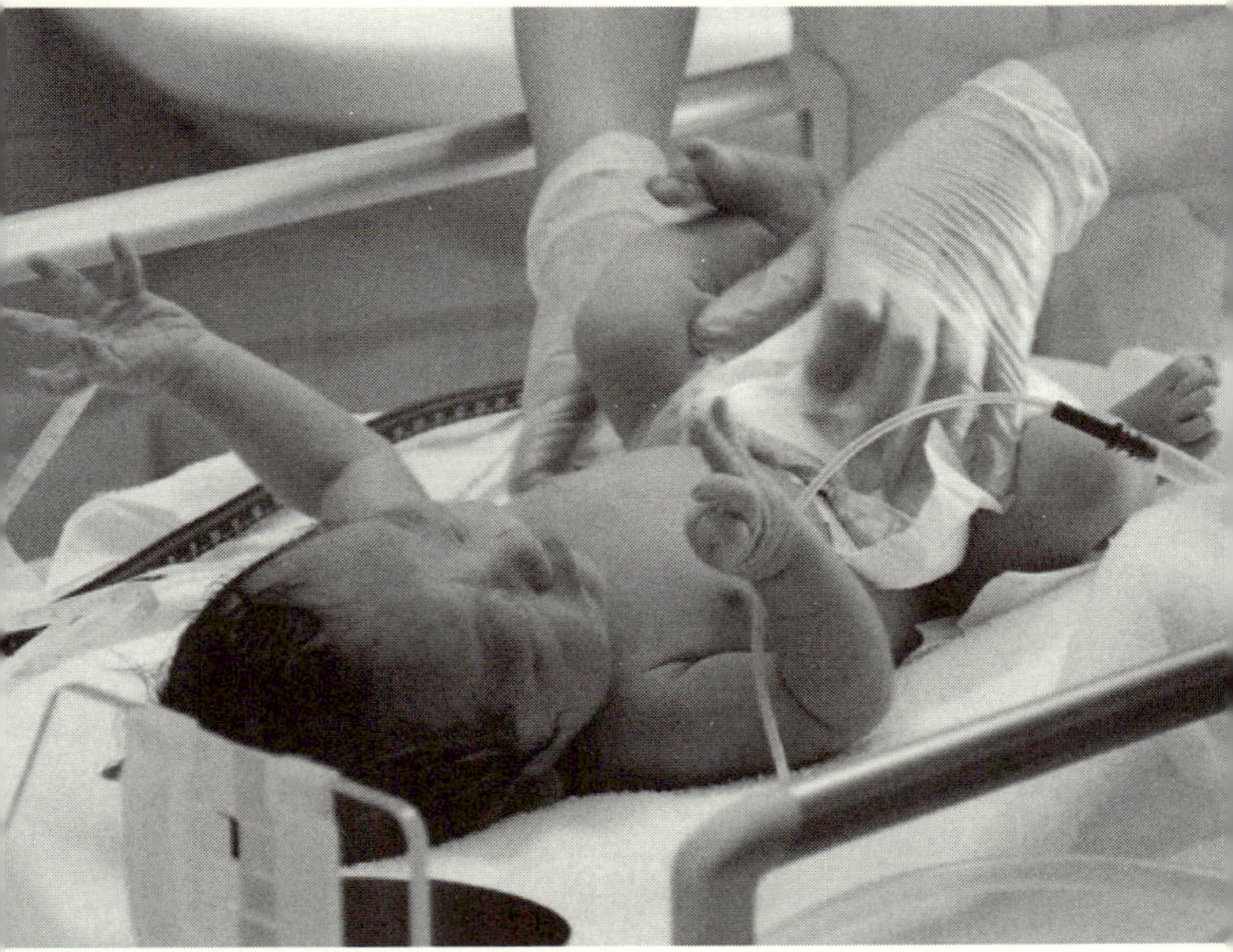

第6章
ジェンダーの発達理論

1　男性アイデンティティの「困難」の理由

ここで、第5章までで考察した近代社会におけるジェンダーに関する規範の特徴である「非対称性」を確認しておこう【図表6-1】。

一つは、女性は男性的要素をもつことは許容されるが、男性が女性的要素をもつことは許されないという「非対称性」である。

もう一つは、男性は、公的世界において「できる」ことが男性的とされ、男性からも評価され、同時に女性からも性的対象として選ばれやすい、つまり「モテる」。一方、女性は、公的世界で「できる」ことと男性から性的対象として選ばれやすい（「モテる」）ことは、別の次元にあるという「非対称性」である。

これらの「非対称性」の背後には、社会的構造だけでなく、それを作りあげる心理的構造が控えていることが指摘できる。本章では、精神分析学の性的発達理論を応用して、考察していく。

図表6－1　近代社会における男女の非対称性

近代の男女別らしさ規範の非対称性

男性	女性的要素をもってはならない
女性	男性的要素をもってもかまわない

（男性優位　＋　性アイデンティティの不安定）

近代の男女別役割規範×性愛規範の非対称性

男性	できる（社会的有用）＝モテる（性的有用） できない男性はモテない
女性	できる　≠　モテる できるからといってモテない できないからといってモテないことはない

†生物学的規定

精神分析学の創始者であるジグムント・フロイトは、ジェンダー論に対しても多大な貢献をした。それは、人間は生まれた時には心理的に両性的であることを明言したからである。生まれながらに自分の性自認や性愛対象は決まっていない、つまり、自分が男であるか、女であるかという認識は、自然に生じるものではなく、後天的に獲得するものであるということである。トランスジェンダーのケースをみれば、生物学的な性別とは異なった性自認をもつようになる人もいることがわかる。

これは、性愛対象にどちらの性を選ぶかも同様で、先天的なものではない。異性愛、同性愛、両性愛になるかどうかは、後天的に形成されることも強調したのである。

もちろん、男女関係と生物学的特質がまったく関係ないわけではない。ただ、多くの特徴は、身長の男女差と同じように、程度の問題ということができる。男性ホルモンは左脳を発達させ、女性ホルモンは右脳を発達させる。だから、音楽的能力や空間把握能力は、平均的に見れば男性の方が高く、言語的能力は平均的に見れば女性の方が高い。とはいえ、突出した音楽能力をもって活躍する女性音楽家もいれば、流ちょうな男性通訳もいるのである。この統計的差異が、女性が音楽家になれない理由、男性が通訳になれない理由に使われてはならない。

ただ、程度では片付けられない生物学的制約も存在することも事実である。それは、性関係や生殖に関わる差異であり、男女の生き方に関わってくる。いくつか挙げておこう。

① 男性は理論上、何百人、何千人の子どもの父親になることは可能であるし、同時期に複数の子どもを作ることも可能である。しかし、女性が子どもをもつ機会は年に一度である。これが、一夫多妻制が一妻多夫制よりも一般的な理由である。

② 女性は、生殖可能性が加齢と共に急速に衰える。しかし、男性の低下はゆるやかであり、高齢で子どもをもつことも可能である。特に、晩婚化が進んでいる中、女性は生殖可能年齢に限界があるので、子どもをもちたい人は、男性に比べ早めの決断が迫られる。

③ 女性は、身体的に誰とでもセックス可能であり、妊娠して子どもをもうけることができる。しかし、男性が、生殖可能なセックスを可能にするには、性的興奮が不可欠である。つまり、どのような対象に「性的興奮」を持てるかは、男性にとって重要である。性的に興奮する相手でなければ、子どもをもつどころか、(挿入を伴った)セックスもできな

い。男性は、性的に興奮する対象を、成長過程で学習して身につけることとなる。どのような対象に性的興奮を感じるかに関しては、社会的に構成されている（上野千鶴子『スカートの下の劇場』、森岡正博『感じない男』など参照）。

④ 女性のみが妊娠し、子どもを産むことができる。これは、現代社会では、レズビアン・カップルが自分の子どもをもつことは可能であるが、ゲイ・カップルはそれが難しいことを示している。

このように身体に規定された性別の特徴は、現代社会においても社会的に大きな影響をもたらしている。

2 性自認の形成理論——フロイトから対象関係理論へ

生まれた時には、自分が男性であるか、女性であるかの自覚はないため、性自認は成長過程で獲得されなくてはならない。そして、それは、心理的なものであって「自然に」生じるものではない。

性自認、つまり、自分が男性であるか、女性であるかを自覚するプロセスに関しては、いくつかの仮説的理論がある。その中で、まず、フロイトの性的発達理論を簡単に紹介し、その後に、本書が依拠している対象関係理論を考察していきたい。

†フロイトの性的発達理論

フロイトは、人間の性的発達を、母子未分化の「口唇期」、母子が分離する「肛門期」、そして、性を自覚する「エディプス期」、「潜伏期」を経て、実際の性行動が始まる「思春期」にいたるプロセスを想定した【図表6－2】。そして、フロイトは、性自認や性的対象を獲得するのは、エディプス期にあたるとした。これが、有名な「エディプス・コンプレックス」説である。

人は、生まれたばかりの口唇期には、母子が未分化状態である。そこでは、母乳をもらうことが快楽の源となる。概ね一、二歳で離乳期になると、母親が自分とは異なることを認識する。その時は、男女とも「自分の欲望をかなえてくれる母親と一緒になりたい」という意味で、母親との一体化の再現を目指す。

フロイトは、エディプス期（小児性欲期：四－六歳頃を想定）に、性自認と異性愛は同時に形成されると仮定した。それは、エディプス・コンプレックスとして知られている。そこでは、ペニスの有無が重要な役割を果たしている。

男の子は、ペニスをもつゆえに、自分が男性であると自覚する。異性である母親と一体化したいと願望するが、強い父親によってその欲望は断念させられる。そこで、母親と同じ性である女性を性的対象にしたい、そして、母親の代わりに所有したいという願望が徐々に形成される。つまり、ペニスの存在が男性であるという性自認を、そして、異性である母親と性関係を持ちたいという欲望が、異性愛を形成させるという仮説をたてた。その時に、男の子は、ペニスを切り取られて男でなくなってしまうという「不安」(去勢恐怖)を持つようになるという。これが、男性の根源的不安となって、力への欲望を持つようになるとされた。

一方、女の子は、ペニスをもたないものと自己認識する。つまり、快楽の源であるはずのペニスが元々欠如しているものと考える。そこで、自分をそのように産んだ母親を恨み、ペニスを所有したいという願望が生じる(ペニス羨望)。そして、それをプレゼントしてくれるはずの父親に惹かれる、つまり「男性」を性的対象にするという欲望が形成される。しかし、それが無理だと分かると、ペニスの代わりに子どもを産みたいという欲望が形成

図表6－2　フロイトの性的発達理論

口唇期（授乳期）
母子未分化
肛門期（1－3歳頃）
母子・分離　自我の形成　両性未分化 男女とも母親を性的対象とする 母との一体化の再現をめざす
エディプス期（4－6歳頃）
性自認と異性愛が同時に形成 男の子　ペニスをもつものと性自認　　去勢恐怖 性的対象　母　→　一般的女性 女の子　ペニスが欠如したものと性自認 ペニス羨望 性的対象　父　→　一般的男性　→　子ども

されるとし、女性が子ども好きである傾向を説明しようとした。

†対象関係理論──ホーナイ、チョドロウ

この「性自認」と「性的対象」に関するフロイトの発達理論は、男女のさまざまな傾向を説明するものであると評価されたが、男性中心主義であるという批判も受けた。何より、ペニスのみが快楽の源泉であり、男の子はそれがなくなることを恐怖し、女の子は、それを羨望するという点は、明らかに男性中心主義的な仮説である。

フロイト理論を継承し、かつ、その男性中心主義に対する批判の中から、フロイトの娘のアンナ・フロイトやホーナイに代表される「対象関係理論」という精神分析の一派が現れた。それは、子どもの成長過程の実際の観察の中から、フロイト理論の修正を試みたものである。

ホーナイらは、特に女の子の観察から、ペニスが欲しいという願望が女の子に現れるとする「ペニス羨望」は普遍的に存在すると唱えるフロイト理論に疑問を持つようになる。つまり、無意識的にせよ、ペニスに価値があり、女性はそれが欠如した存在として自分の性を認識するということに疑問を呈したのである。

さらに、子どもの発達過程の観察から、性別の自己認識は、フロイトが想定したエディプス期ではなく、それより早い段階で形成されるという知見を得た。それによって、ペニスの有無を認識することで、自分の性別を自覚するというフロイト理論を修正しようと試みた。

ここではそうした修正派の一人で、社会学者でもあり、精神分析学者でもあるナンシー・チョドロウの著作をもとに整理してみよう（N. Chodorow『母親業の再生産』）。

†幼児期の初期

ホーナイらは、前エディプス期（フロイトのいう肛門期）に、幼児には男女の自覚が生じると主張した。母子一体化の状態から子どもの自我が分離すると同時に、世界には性別が存在することを理解し、自分がどちらに属するかという認識をもつようになるという。

それは、幼児を取り囲む周りの人たちが、男の子と女の子を区別して扱うことによって生じるという。女の子は、母親と同じ性別である、つまり、母と同じ人間集団に属しているというアイデンティティをもつ。一方、男の子は、母を異性にする、つまり、母と同じ人間集団に属していないという形で、自分の性自認をもつように誘導される【図表6－3】。

図表6－3　男女の性自認の違い

女性	母と同性（同類）である 母と同じという性自認
男性	母と同性（同類）ではない 母と違うという性自認

【前提】近代社会［母（祖母、保育士）などが主たる養育者
父は疎遠

なぜなら、子どもとコミュニケーションする母親や他の家族、周りの人たちが無意識的に、この世界には男性と女性という二種類の人間がいるということ、そして身体的性別に従って、自分がどちらの性別であるかということを子どもに植え付けるからである。この、母親を同性とする女性、異性とする男性という「非対称的構造」が、ジェンダーに関する規範の「非対称性」の背景に存在している。

トランスジェンダーの人たちは、ここで、自分の身体とは逆の性自認、つまり、男性の身体をもちながら、母親と同じ性の集団に属しているという性自認を身につける、またたは、女性の身体を持ちながら母親とは異なった性の集団に属しているという性自認を身につける。

そして、このアイデンティティ形成の「非対称性」は、近代社会の家族形態を基盤としていることをチョドロウは強調する。近代社会では、乳幼児と主に接触するのは、ほ

とんどの場合母親であり、母親以外の人が面倒を見る場合も、祖母、保育士など、ほとんどのケースが女性である。近代社会の性別役割分業の下では、日中仕事で家庭にいない父親は、乳幼児にとって疎遠な存在であるし、父親以外の男性が子育てに関わることはもっと少ない。だから、母親が軸となって、それと同性か異性かという非対称的な性自認形成過程となるのである。

自営業が原則の前近代社会においては、母親だけではなく、父親やその他の男性も子どもとコミュニケーションするケースが多く、男の子にとっても、父親と同じ性をもつ集団に属しているというアイデンティティは持ちやすい。

3 性自認形成プロセスの非対称性

†性規範の学習

人間は、自分の性自認を確認した後、ジェンダーに関する規範を徐々に学習していく。それによって、自分が属すと考えている性の集団に受け入れられる、つまり、自分がその性に属していると周りに思ってもらう、そして、自分のアイデンティティを確認するために、性規範を学習しなくてはならない。第3章の「らしさ規範」で述べたように、「男性／女性と見られるために男らしく／女らしくする」ことを学んでいく。

その際に、女の子のまわりには、女らしさを示すモデルは豊富に存在している。子どもにとって最も身近な存在は、近代社会においては母親だからである。そして、子どもが育つ家庭で行われる行動は、家事労働も含めて「女性らしい」と形容される。つまり、女の子は、母親や女性の養育者と同じような事をしていれば、間違いがない。女らしくないといわれることはない。

しかし、男の子のまわりには、具体的な男らしさを示すモデルはいつもいるわけではない。父親も、近代社会の性別役割分業の下では、外で仕事をしているわけで、その姿、つまり、父親がどのように仕事をしているかということは見えない。家にいる父親は、基本的に男らしさを行動で子どもに示す機会はない。男らしい行動は、現実の行動の模倣ではなく、親による物語やメディアなどを見聞きして学習することになる。男性であるためには、母親らしさを否定する、つまり、母親とは違う集団の一員であることを示さなければならない【図表6－4】。

図表6－4　男女の性自認形成の違い

女の子のまわり	女らしいこと　豊富に存在 アイデンティティ形成は容易 母と同じことをしていればよい
男の子のまわり	男らしいこと　日常的に見えない アイデンティティ形成に努力が必要 母と違うことをしなければならない

以上が、近代社会においては、女性の性自認形成は比較的容易なのに対し、男性の性自認形成が難しくなっている一つの要因である。

†「女性が基本、男性が特殊」

フロイトは、ペニスの有無で性別を認識するという理論を提示したという意味で、男性が基本的な性、女性は欠如した性と位置づけた。しかし、対象関係理論では、逆に、女性の性自認は、母親と同じという意味でポジティブな形で形成され、男性の性自認は母親と違ったことを示さねばならないという意味で、ネガティブな形で形成される。

ジェンダー論では、女性が基本形で男性が派生形という説明が、よく生物学的性分化理論と関連づけて比喩的に語られる（バダンテール『母性という神話』）。確

図表6－5　「する性」と「である性」

男性	「する性」	doing	男性であることを行動で示す必要
女性	「である性」	being	女性は行動しなくても女性

かに、受精卵はそのまま発生すれば、性染色体にかかわらず女性的な身体が形成される。男性の身体になるためには、発生段階で、数度にわたり男性ホルモンが作用する必要がある。つまり、女性が生物学的基本形で、男性が生物学的派生形である。ただ、これは比喩に過ぎないことを書き加えておく。

†「する性」と「である性」

ナンシー・チョドロウは、以上の考察から、近代社会では、男性を「doing　する性」、女性を「being　である性」と規定した【図表6－5】。女性は、なにもしなくても、女性であるという性自認はなかなか揺らがない。男性は、男性であることを証明するために、さまざまな男性らしいことを「すること」を要求される。つまり、男性のアイデンティティは不安定なので、男性は女性ではないことを「する」ことによってそれを追求しなくればならない。

これが、第3章で述べた「らしさ規範の非対称性」の背後にあるもう一つの理由である。女性の性自認は安定しているので、男性的な行動（例えばズボンをはく）をとってもゆらがない。しかし、男性は不安定であるために、女性らしい行動をとること（例えばスカートをはく）は、自分が男性ではないかもしれないという不安を呼び起こしやすいのである。

†男性であることの追求

男性は性自認が不安定であるので、男性であることをさまざまな場面で行動によって示す必要に迫られる。それは、特に、性自認が形成途上の男の子に強く働く。それを、規範レベル、集団レベル、男女関係レベルでみていこう。

①男らしさ規範への同調、女らしさ規範をなくす

先ほどみたように、男の子は、男らしさはこうであるという規範から逸脱しないように行動する。そして、女らしさの規範に従っていると見なされないように行動することを求められる。

特に男の子にとって、男らしくないと言われることはショックである。「人前で泣いて

はいけない」「力強くなくてはいけない」といった、圧力が常にかかるのが男性なのである。そして、女性的な趣味をもつなどすると「女らしい」と言われ、男の子集団から、仲間はずれにされる可能性に直面するのである。

②男集団への同調

男性は、男性同士の集団に属することで、自分が男性であるという性自認を保とうとする。そして、男性集団は、イヴ・セジウィックが『男同士の絆』で述べたように、競争的に構成されている。どのように構成されているかは、次に述べる。

この集団所属に関しても、男女の非対称性がみられる。女性は、男性集団の中に入って活動することも可能であり、それによって「女性性」は揺らがない。一方で、男性が女性集団の中に所属することは難しい。そのような男性は、男らしくないと男女から思われてしまう、つまり、男性の性自認が揺らぐのが一つの理由である。

子どもの友人集団でも、この男性集団、女性集団の分化が見られる。男の子同士で遊ぶ集団ではまれに女の子の参加も見られるが、女の子同士の仲良し集団に男の子が加わることは滅多にない。

③性的対象としての女性の利用

自分が男性であるという自覚は、「女性を性的対象として選んで、興奮すること」によっても、もたらされる。性的に興奮することが男性にとって視覚的に明らかであるという生物的特質によってもそれは裏付けされる。これは、性的興奮を誘発する女性に対して、価値が発生することにつながり、男性がポルノグラフィーを好む一つの理由となる。男性はポルノをみて、性的に興奮することによって、自分の男性性を確認しているのである。

†男集団・女集団の構成原理の違い

ここで、典型的な男性集団と女性集団の構成原理の違いについて考察しておこう。セジウィックは、「ホモ・ソーシャル」という概念を使って、男性同士の絆を考察している。これは、ホモ・セクシュアルとは違って、むしろ男性同士の性的親密性を禁止する形で集団を維持し、結束を強める一つの戦略である（セジウィック『男同士の絆』）。

通常、男性集団は、競争的に構成される。遊び、仕事にかかわらず、何らかのルールのもとに競争し、勝ち負けをはっきりさせる。そこでは、競争に勝つ能力があるものが上位にきて、さまざまなやり方で能力を競う。子ども期には、スポーツにしろゲームにしろ、勝ち負けがすぐ分かる遊びを集団で行う。そこで能力がない男性は、男性として認められないという形で下位に見られ、男性としてのアイデンティティが揺らいでしまうのである。須長史生が、『ハゲを生きる――外見と男らしさの社会学』で分析しているように、男性同士では、「からかいのシステム」として、相手の力を試すようなコミュニケーションが展開される。そこでは、ひるんだり、同情をかったりすることは、男らしくない行動とみなされるのである。

一方、女性集団に関する研究は、少ないという（東園子『宝塚・やおい　愛の読み替え』）。東によると、男性集団は、それが上下関係であるがゆえに公的組織として公的な権力と結びつくため、社会的関心を集めるのに対し、女性集団の効果は、私的なものであるために関心が少なかったと述べている。

女性集団は、男性集団と違って、競争による上下関係ではなく、親密性で構成される傾向がある。それは、母娘関係の延長、つまり、前エディプス期の関係をモデルにして、性的関係を伴わずに、親しくなるという経験に基づいている。それは、お互いを理解し、思いやって行動する関係である。奥村隆は、このような親密な集団の構成原理を「思いやりと陰口のシステム」と名づけた『他者といる技法』。親密性を確認するためには、お互いに思いやりを示す必要がある。しかし、思いやりばかりではその「親密性」が特別であるという証拠が示せない。だから、他人の陰口を言うことによって、その関係性が特別親密であるということを確認し合う必要が生じると述べた。奥村自身ははっきり述べていないが、これは、女性同士の関係に最も当てはまる。

4 性愛対象の形成理論

†性愛対象の形成に関する男女の非対称性

近代社会では、性自認の形成についてはモデルが身近にある女の子は容易であるのに対し、モデルが身近にない男の子にとってはより難しくなることを示した。

しかし、性的欲望の対象の形成に関しては、今度は、男性は比較的容易なのに対し、女性が性的欲望を形成するのは難しくなる。これも「非対称性」の一種である。

女性に性欲がないというのは誤まった考え方である。しかし、様々な調査をみても、男性に比べ、女性の方が性的欲求を感じる度合いが少ないというのも事実である【図表6-6】。これも、男女の心的発達の非対称性から来るものであると、チョドロウは示している。

性自認形成の非対称性と同じように、性愛対象の形成の非対称性も、子ども期の主たる養育者が女性であることに由来している。つまり、性愛対象の形成前の時期（前エディプス期）は、男の子も女の子も「母親（もしくはそれに準じた祖母など）」が親密性の対象であるからである。小さい子どもは、自分の悩みや気持ちなどを、一番身近な養育者である母親に打ち明ける。そして、男の子にとって母親は異性であり、女の子にとっては同性である。この非対称性が、今度は、エディプス期の性愛対象形成に関して大きな意味をもってくる。

†男の子――異性愛形成が容易

成長するにつれ、人間関係が広がり、将来、家族以外の人に性愛対象を求めることを理解するようになる。その時、男の子にとっては、異性愛形成が容易となる。それは、単純に母親との一体感の再現を目指すという形で欲望が形成されるからである。母親は、自分

図表6－6　性的関心度

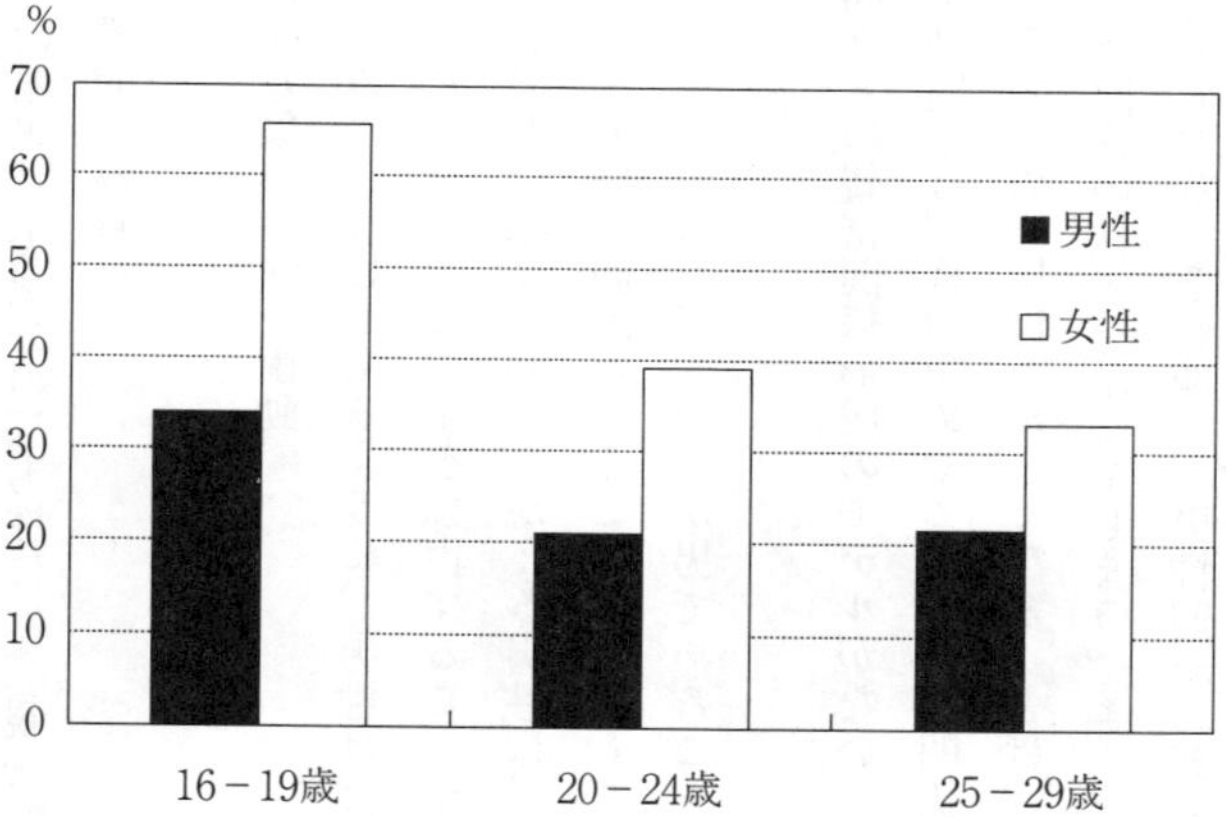

出典：日本家族計画協会、「男女の生活と意識に関する調査（2014）」、既婚含む。
注：セックスすることに「関心がない」「嫌悪している」割合。

の欲望をかなえてくれる存在としてあった。しかし、ある程度の年齢になると、「近親相姦禁忌」の規制が働いて、母親と過度に親しくなることを禁止される。それゆえ、理想化された母親との関係を再現するために、母親と同性の存在、つまり、女性を性愛対象として求める形に誘導されるのである。

母親との一体感の記憶を原動力として、メディアやさまざまな言説によって、男の子は、将来、女性を相手にすれば、欲求がかなえられることを身体的に身につける。それは、過去の母子一体という理想状態を再現するためのリアルな欲望なのである。

その結果、（大部分の）男性には、親密性形成に関して、女性に比べ、次の三点の傾向が一般的にみられる。

①性的対象への強い衝動

先にみた調査にもあるように、男性は女性に比べ、性的衝動が強い。それは、親密になることと、身体的に相手を独占することが、母子一体化の再現と類似しているからである。そして、性自認に不安をかかえる男性は、女性への性的衝動によって、男性であることを確認するという回路があることも影響している。つまり、女性に対して性的に興奮する自分の存在を認識して、自分が男であることを確認するのである。

②同性との親密関係形成のモデルがない

男性同士は、権力をめぐっての競争関係だけではなく、女性をめぐっての競争関係となる。そのため、男性と親しくなることは、その男性との競争を回避することになり、男性の上下関係の秩序を乱してしまう。さらに、「弱い」つまり、男らしくない男性とみなされがちとなる。それゆえ、男性同士の親密性には、「禁忌」が働く。これが、セジウィックのいう、「ホモ・フォビア」、つまり、同性愛嫌悪の傾向が男性に強い理由になる。

③親密対象と性的対象との区別が曖昧

そして、女性への親密欲求、つまり、親しくなりたいという欲求は、性的欲求を伴いがちである。つまり、親しさへの欲求と性的関係を持ちたいという欲求は、同一の対象に向かうがゆえに、区別しにくい。それが、男女関係の誤解を生みやすい。というのは、男女が親しくなる時に、親しいことと、性的に興味があることを男性は同一視しがちであるのに対し、次にみるように、女性はそれを区別する傾向が強いからである。

†女の子——異性愛形成が難しい

一方、ナンシー・チョドロウに従うと、女の子は、性愛対象の形成が男性に比べ難しいことが強調される。前エディプス期に親密欲求を満たしてくれていたのは、同性である母親であって、異性である父ではない。そして、同性であるがゆえに、母親との親密関係は、ある程度の年齢になっても、禁止されることはない。性的衝動が伴わない親密関係として、続いていくケースが多い。

その結果、女性の場合は、男性に比べ、その親密性に関して次のような特徴が見られる。

①性的衝動は人為的に形成されなくてはならない

チョドロウ理論によると、女性が異性愛を形成する内在的必要性はない。なぜなら、親密性欲求は、母親との間で満たされるからである。すると、異性愛の衝動が生じるには、外部からの働きかけが必要となる。チョドロウは、「父」もしくは、それに相当する男性からの「誘惑」が必要であるという。つまり、母親と一緒にいる以上に、すばらしいことが起きる可能性があるよという外部からの誘いである。男性のように、母子関係の再現ではないから、理想的な関係があるはずだという信念を受け入れることが必要である。そのためには、女性にとってロマンティッククラブ・イデオロギーが必要である。性的対象を理想化する傾向が女性に強いのもこの理由である。

②親密性は同性間で満足できる

女性にとって、親密性は獲得するものではなく、あるものである。母子一体関係の再現と言っても、同性なので、性的関係なしで親密性の充足が得られることを経験している。

わざわざ異性関係を築いく必要はないのである。

③親密対象と性的対象を区別出来る

それゆえ、女性は「理想化された異性愛の対象」と「親密性の対象」を分離することができる。これを男性に当てはめると、ロマンティックな魅力がある、つまり、自分の欲求を母親以上に満足させてくれる理想化された男性と、ただ単に、女性の代わりの親密性を感じる男性との区分である。そして、これが、男性に誤解を与えるもとになる。つまり、女性は、親しくしたいからと言って、それが異性愛に直結するわけではない。

この二つの傾向をステレオタイプ的に見れば【図表6-7】のようになるだろう。

†親密関係のジェンダー差は変わるのか?

以上の考察から、次の命題が導き出せる。

「男にとって女は不可欠だが、女にとって男はいなくてもいい」

図表6－7　男女別の異性愛形成

男性　親密になりたい女性には、性的関係も求めがち

親密でない相手にも性的魅力を感じ、性的に興奮する

女性　親密な相手に、性的魅力を感じるわけではない

⇓

男性	性的魅力の相手	>	親密になりたい相手
女性	性的魅力の相手	<	親密になりたい相手

図表6－8　異性の性的存在価値

男性にとっての女性の価値：女性性そのものの所有

自分のものにする、コントロール下に置く（3秒でも）

女性にとっての男性の価値：関係の特別性

典型的な男性にとっては、女性は、心理的に二重の意味で不可欠な存在である。

一つは、性自認をするのに、女性の存在が不可欠だからである。「母を異性とする」つまり「女性ではない」という形で、自分が男性であることを確認するということは、異性としての女性の存在を前提とする。例えば、女性に対して性的興奮を感じることによって、男性性を確認したり、自分が女性をコントロール、つまり、女性を「所有」することで確認する【図表6－8】。

そして、もう一つは、親密な相手としての不可欠性である。それは、（1）自分は一人でないことの確認として、（2）自分の気持ちを聞いてくれる相手として、

（3）自分が「できる」ことを認めてくれる存在として女性が求められる。これは、幼い時には「母親」によって満たされてきたことである。

男性にとって、これらの欲求は同性である男性では満たしにくいのである。同性である男性は、母親のように乳児期の一体感を再現する相手ではない。男性は基本的に競争相手であるがゆえに、自分の弱みを晒すことがためらわれる。男性同士では自分の気持ちを打ち明けにくいし、お互いに相手のことを心底褒めることはなかなかない。相手の存在を気にかけて、友人の誕生日に贈り物を届けるなどということはないのである。

それゆえ、親密な女性（母親、親しい女友達、恋人、配偶者など）が身近に存在しない男性は、心理的に不安定になるケースが多い。配偶者のいない男性の平均寿命が短く、自殺率が高いのもこの理由によると考えられる。さまざまな調査で、シングル男性がシングル女性に比べ孤立する傾向が強いことが明らかになっている【図表6－9】。

一方、女性にとって、心理的に不可欠なのはむしろ同性である。男性は、心理的に「素敵な人であればいたらいいけど、いなくても構わない」存在なのである。

女性の性自認は、「母親と同性」であるということなので、男性と違うという形で性自認を維持する必要はない。むしろ、同性の仲間がいて、彼女たちと同じであることの方が、

図表6－9　男女別の孤立化

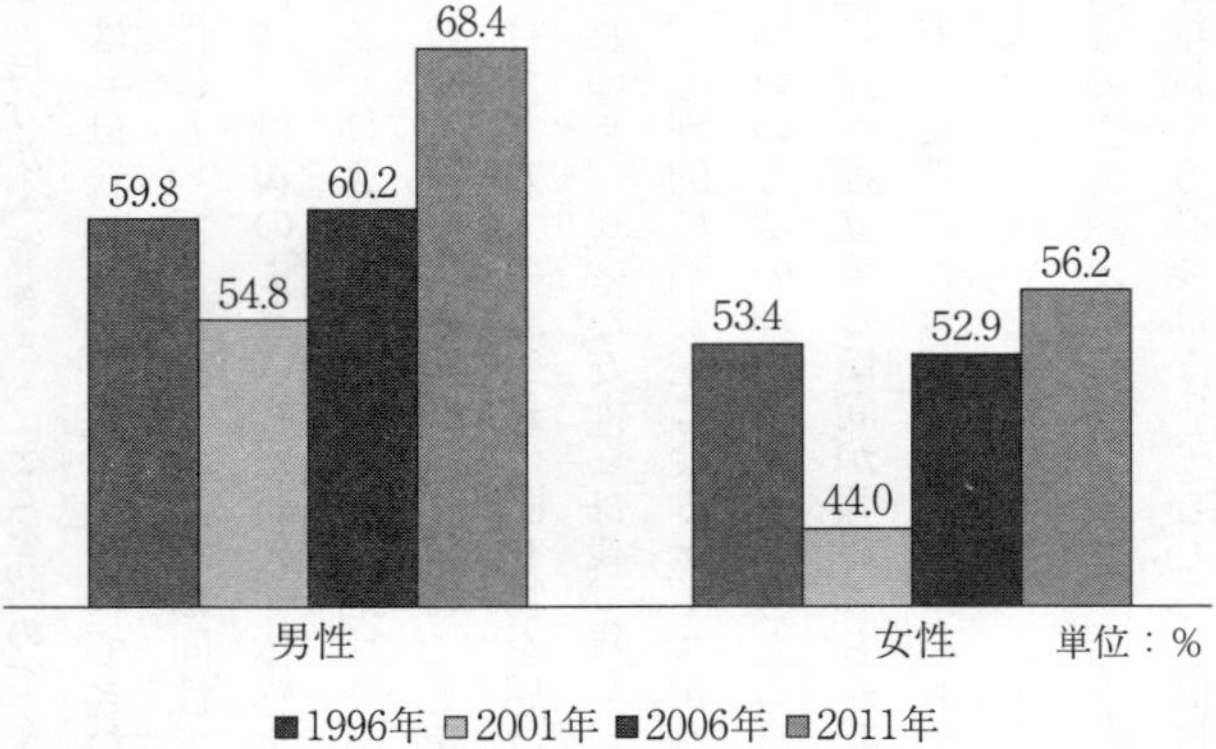

出典：社会生活基本調査。60歳未満、無職、無業のうち同居家族以外の人と交流がない人の割合。玄田有史より『孤立無業』

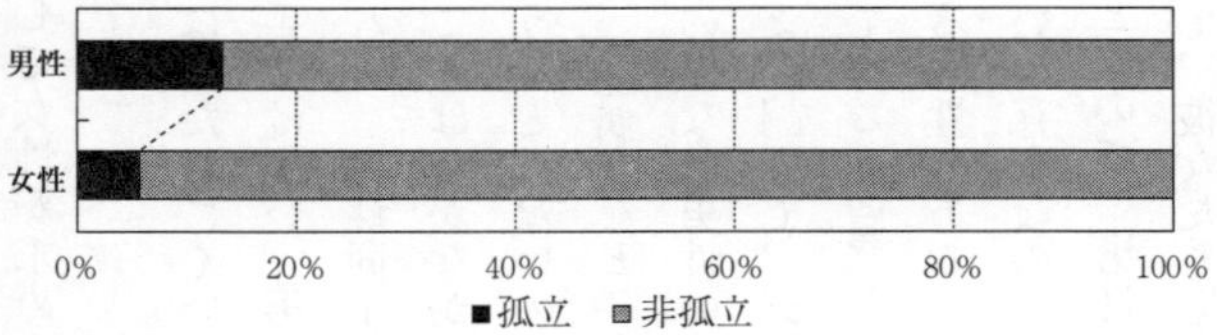

出典：石田光輝『孤立の社会学』。
注：「孤立者」は「重要なことを話したり、悩み相談する人たち」が１人もいない人とする。

性アイデンティティにとって重要なのである。そして、女性の親密性のモデルは性関係を含まない「母娘関係」である。つまり、同性同士で、性関係なしに気持ちを打ち明けたり、悩みを相談したり、褒めあったりすることが日常的に行われる。もちろん、男性（父、恋人、夫、息子など）との間で、親密性を作り上げることは可能だが、親密性を満たすためには、「男性でなくてもかまわない」のである。

それゆえに、女性同士の親密性を維持するために、おしゃべりや、贈り物など、親密性の確認の手段が多数用意されるのである。

†疑似恋愛のジェンダー差

ここで、疑似恋愛のジェンダー差について考察しておこう。

近年、未婚者、そして、恋人も親しい異性もいない未婚者が増大している。つまり、男女関係が全般的に不活性化している。

リアルな関係性が縮小する中、ヴァーチャルな関係で現実の親密性を代替させること、いわば疑似家族、疑似恋愛というべきものが、日本で発展している。そして、そこでも、ジェンダー差が見られるのである。

クラブ、キャバクラ、メイドカフェといった親密関係を提供するサービス、そして、性産業などを利用するのは、圧倒的に男性が多い。それも、「自分に関心をもち、大切にしてくれる」という感情を求めて行くケースが多い。つまり、男性にとって、寂しさを満たしてくれるのは同性の友人では無理で、お金を払ってでも親密性を提供するサービスを女性から得ようとするのである。一方、ホストクラブなどは存在するものの、女性にとって一般に普及していないのは、親密性は同性同士で提供しあうことが可能だからである。

いわゆるアイドルやスターなどに入れ込む人にもジェンダー差はある。まず、熱狂的なファンの性別をみると、男性アイドルのファンは大多数が女性である。一方、女性アイドルのファンには、男性だけでなく、女性も多い。ジャニーズ系のコンサートに行けばほとんどが女性であるが、女性アイドルのコンサートには一定の女性ファンもいる。ここにも非対称性が存在している。これは、「好きになる」ということに、男性では「性的意味」が含まれてしまうためである。つまり、男性が男性アイドルを好きであるということは、同性愛とみなされがちである。一方、女性では母娘関係の類推から、性的意味を含まないで、好きになることが「逸脱」とはみなされないのである。

その他、さまざまな非対称性が観察されるのであるが、ひとまずこの辺にしておこう。

†親密性に関わるジェンダー差は変わるのか？

以上述べた親密性に関わるジェンダー差は、あくまで一つの傾向を示すものである。（同性愛でない）男性同士で、気持ちを打ち明け合ったり、褒め合ったりするケースもあるだろう。また、女性の中にも、同性よりも異性の方が親密になりやすいという人もいるだろう。

しかし、以上述べた傾向には、社会構造的な背景があることを忘れてはならない。一つは、発達段階の初期において「母親」など女性が、子どものケアをする。つまり、性的に発達段階にある子どもに対して、話を聞いたり、気遣ったりするのは、母親、祖母、保育士女性なのである。日本においては、現代においても、父親たる男性は長時間労働で家庭に不在がちである。その上、今の大人の男性は、自分が父親と親密に接した経験がないので、父親が子どもにたいして、どのように親密に接してよいかがなかなか分からない。つまり、時間があったとしても、子どもの心理的ケアは母親任せということになりかねない。そして、男性保育士や幼稚園教諭もほとんどいないのも現実である。もし、男性（父、祖父、男性保育士など）が、小さい子どものケアに関わることが多くなれば、この親密性における差異は、小さくなるだろう。これが、ナンシー・チョドロウによって示された将来の姿である。

また、メディアの中で描かれていたり、現実に存在している性別集団が、男性同士の付き合い、女性同士の付き合いの「規範」を見せているという点もある。男性同士で弱みを見せ合い、弱い男性が女性にもてるといったモデルがドラマなどで描かれていけば、変化していくかもしれない。

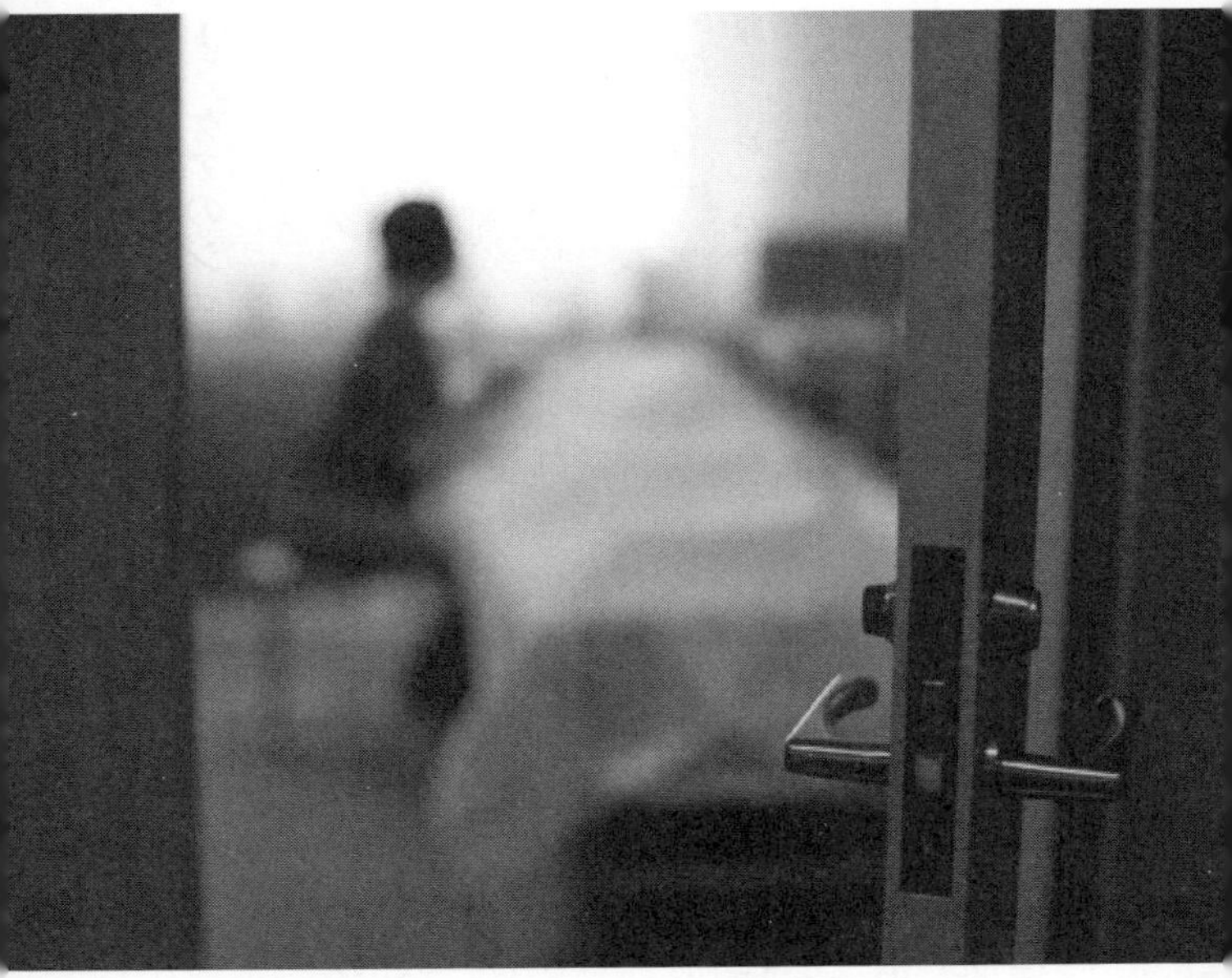

第７章

ケアは女の役割か——男が触ると「いやらしい」？

1　ケアのジェンダー非対称性

最後に、ケアの分野での非対称性について考察してみよう。

社会全体を見渡せば、子どもや高齢者、病人など、人の身体をケアする仕事についているのは、大部分が女性である。代表的なのは、看護師だが、介護従事者や保育士といった専門職では、圧倒的に女性が多い【図表7－1】。だけでなく、家庭内でケアする人も女性が多い。

それは「ケアをすることが女性的である」という性別規範のせいだけでない。ケアは、原則一対一のサービスである。ケアする人と、ケアされる人の性別によって、男女四通りのケースが考えられる【図表7－2】。

そして、この領域でも、男女の非対称性が見られるのだ。それは、「女性が男性をケアしても許容されるが、男性が女性をケアすることには心理的抵抗が伴う」というものである【図表7－3】。これが、男性がケアの領域の仕事に進出できない大きな理由になっている。

図表７－１　ケア分野の女性従事者比率

	女性比率（%）	順位（232職種中）
保健師	98.7	2
保育士	97.2	4
看護師（准看護師含む）	94.2	8
幼稚園教員	93.7	9
訪問介護従事者	92.5	11
介護職員	76.7	27

出典：総務省『国勢調査』をもとに舞田敏彦氏作者

図表７－２　ケアの性別による分類

ケアする人	ケアされる人	
男性	男性	⇒　あまり問題ない
男性	女性	⇒　避けられる
女性	男性	⇒　あまり問題ない
女性	女性	⇒　問題ない

図表７－３　ケアのジェンダー的非対称性

男性は、女性にケアされることが好まれる

女性は、男性にケアされることを嫌がる

例えば、女性保育士や女性教師が男の子を身体的にケアするのは問題ないが、男性保育士や男性教師が身体的に女の子をケアするのには大きな抵抗感がある。家族の内部でも、嫁が義理の父を介護するのは昔からよく見られたが、婿が義理の母を介護することは、めったにない。これは、単に規範や慣習というだけではなく、ケアしたり、されたりする人が感じる「感情」が関わってくる。

これを裏付けるために、私は介護状態になった時に「体を拭くなど世話をしてくれる時の抵抗感」を調査した。

男性からのケアは忌避され、女性からのケアの方が望まれることが、回答者男女ともにみられる。もう少し詳しく見てみると、配偶者に介護されることについては、男女とも抵抗を感じない人が多いが、それでも、女性は男性に比べ抵抗感が少しある人が多い。息子と娘であれば、男性はその抵抗感はほぼ同じである。しかし、女性は息子と娘の間の差は大変大きい。これは、嫁、婿の場合も同じである【図表7-4】。友人の場合も、男性の抵抗感は、性別にあまり関係ないが、女性の場合は、男性と女性の友人の差が大変大きい。ちなみに友人の場合も同様である。

看護という多少専門的分野であっても、男性看護師と女性看護師の好感度の差は大きい。

男性であっても、男性看護師より女性看護師の方が好まれる。女性の場合は、男性看護師は避けたい対象なのである。

ある女性研究者から「男性は男性に介護されたいのに、男性介護士が少ないから、仕方なく女性に介護されているのでは」「男性は女性に体を触られたり、裸を見られることは嫌なのではないか」という質問を受けたが、現実の調査は、この解釈、つまり、「同性のケアは許容されるが、異性のケアは嫌がられる」を支持しない。この非対称性を説明してみよう。

2　ケア労働の特徴

このケアとジェンダーに関する非対称性に関しても、第6章の対象関係理論による「性的発達におけるジェンダーの違い」の説明が有効である。

それは、家事労働として家庭内でなされるにしろ、職業労働としてなされるにしろ、「ケア」労働が本来もつ性格に由来している。それは、ケアが相手の気持ちを考えながら行う労働であること、そして、ケアは体に働きかけ相手を気持ちよくさせる労働だからで

図表7－4　介護における性別の抵抗感

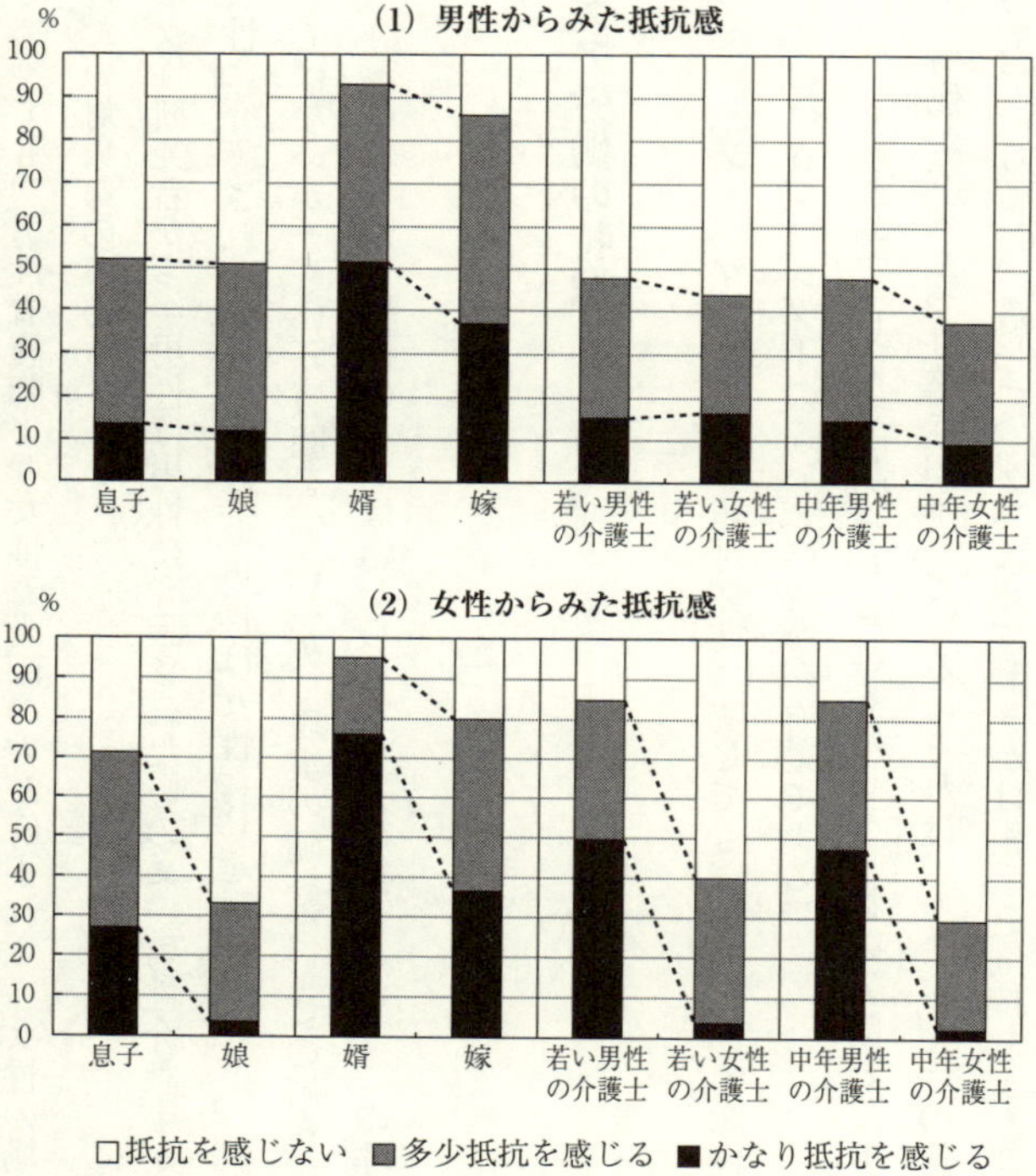

出典：『家族生活と介護意識・身体接触に関する調査』1995年

ある。前者が、ケアの担い手として女性がより好まれる理由であり、後者がケアの担い手として男性が避けられる理由なのである。この二重のジェンダーにおける差異があるために、家庭内でも（配偶者間を除く－後述）、家庭外でもケアの担い手が女性になりやすい理由なのである。

①ジェンダー化されている「よいケア」

まず、ケアという労働が、単に「機械的に」体を拭くとか、食事の介助をするといった労働には還元されないことにある。ケアは、原則一対一で相手にサービスする労働である。そして、その中には、相手を気持ちよくさせるという労働成果が含まれる。相手の感情に働きかける労働として、感情労働の側面をもつ。コミュニケーションによって、相手の希望を聞き出し、相手の状態をみながら、相手に最もよいと思われるサービスを行うことがよいケアだと言われる。

機械的に体を拭くだけとか食事を食べさせることだけでも、ケアになるかもしれないが、それでは、「よい」ケアと言えないのである。そして、この感情労働に関しては、女性の方が長けている。それは、第6章で述べたように、女性は、子どもの頃から女性同士の付き合いの中で、相手の話を聞き、相手を気遣うことを身につけていくからだ。ケアを受ける人も、仏頂面で機械的に口に食事を運んでもらうのと、にこにこして語りかけながら食事を運んでもらうのとでは、その満足度が違うだろう。

ジェンダーに関する偏見を測定する質問に、「女性がいれたお茶は、男性がいれたお茶に比べておいしい」というのがある。もちろん、これにイエスと答えた人は、ジェンダーに対して偏見をもっているとされる。しかし、現実にこの質問にイエスと回答する人は男女問わず多い。これも、女性の方が感情労働に長けていることによって、お茶の入れ方もうまいに違いない、相手に気遣ってお茶を入れることができるだろうという経験則が、イエスと答えさせてしまうのだろう。

私は、足裏マッサージが好きでよく行くが、男性マッサージ師は黙って黙々と施術するが、女性マッサージ師はいろいろ語りかけながらサービスすることが多い。客観的なもみほぐしの効果は同じだろうが、主観的な満足度だと違いが出てくるのである。

それゆえ、介護現場では、女性だけでなく男性の受け手も、男性でなく女性のケアの方が好まれる傾向が強いのだ。

では、男性も訓練して、同じように感情労働をするようになれば、この差はなくなるのだろうか。ただ、ここにも、男女の逸脱に関する非対称性が絡んでくる。一般に、「人を気遣ったりして行動するのは女性らしい」という規範があると、気遣いをしながらケアする男性は、「男性が女性らしくするのは違和感をもたれる」という現実に直面してしまうのだ。男女に関する様々な規範が複雑に絡まるがゆえに、介護と女性の結びつきがなかなかほどけないのだ。次の理由もそれに当たる。

②ケアの身体性

次に、男性の介護に抵抗感を感じるもう一つの理由について、述べておこう。調査でもみられるように、女性は配偶者を除く男性から受けるケアに、大変抵抗を感じている。これは、逆は成り立たず、むしろ、女性だけでなく男性も女性のケアを好む傾向があることは述べた。

看護や介護には、相手の裸をみる機会があり、体に触るサービスが多く含まれる。つまり、ケアとは、相手の体に直接働きかけて、相手を身体的、精神的に気持ちよくさせる行動なのである。これは、言葉にしてしまえば、性的コミュニケーションと同じ意味をもっている。性的コミュニケーションは、お互いに相手の体に働きかけて、相互に身体的、精神的満足を与え合う行動である。

つまり、身体的ケア行動は、性行為を連想させてしまう行動なのである。そして、近代社会においては、性行為は、夫婦や恋人など親密な相手とのみ行うべきとされており、見知らぬ他人はもちろん、夫婦以外の家族、友人などとは、厳しく禁止されている。

夫婦間のケア行動が好まれるのは、この理由である。夫婦であれば、性行為を行うのは当然である。だから、ケア行動で性行為が連想されても、それは、むしろ好ましいことなのである。

しかし、ケアでは入浴や排泄介助など、裸の体を見られ直接触られることは不可避であり、もちろん、生活上恥ずかしいと言っていられないのではあるが、配偶者や恋人以外の家族や他人に裸を見られることは恥ずかしいという感情を引き起こしてしまう。とすると、その「恥ずかしさ」を減少させる、そして、性行為を連想させないことが、ケアの現場では重要である。そして、女性がケアした方が、性行為が連想しにくいのである。それも、社会の中で、性行為がタブーとしてあるからである。

なぜなら、第6章でチョドロウを引用したように、女性は母親として子どもの世話をするものであり、親密関係にあることは、近代社会では一般的だからである。母親であれば、子どもの裸をみて、気遣いを伴った世話をするのは当然である。介護や看護の現場では、介護者と被介護者の関係に、母親と子どもの比喩がよく使われる。女性が母親の代わりにケアをしているのであれば、性行為を連想することはない。

しかし、男性はそうはいかない。それは、父親が子どもの世話を一般的にせず、親密関係は同性の間にはなかなか築けない文化であることが一因である。そして、その上、性行為においては、男性が主導権を握るというイメージが定着している。つまり、男性が、優しい手つきで、にこにこしながら、女性を触って気持ちよくさせると言うことは、どうしても、性行為を連想させてしまうのだ。

とりわけ男性が男性にケアされることを好まない人が多いのも、その理由である。つまり、やさしく体に触ることは、ホモ・セクシュアルを連想してしまうからだ。しかし、女性の場合は、女性同士の親密性は許容されるので、この連想はあまり起きないのである。

だからといって、男性がケアに向かないとか、女性がケアをするのは当然だという結論を導きたいわけではない。男性がケア労働に進出するためには、「恥ずかしさ」という感情を何らかの形で克服する必要がある。

あとがき

共著『ジェンダーの社会学――女たち／男たちの世界』（新曜社）を出版したのが、一九八九年のことである。当時は、「文化・社会的性別」を表すジェンダーという言葉は、目新しく、新鮮な響きがした。ジェンダーという名を冠した日本で初めての学術書ではなかったかと思う。

それから二七年経ち、ジェンダーという言葉は一般にも広まった。社会学だけでなく、法学から心理学までさまざまな領域でジェンダーが使われるようになり、政策にも取り入れられるようになった。

しかし、ジェンダーに関して、前掲書の出版当時から常に抱いていた疑問がある。それが、「はじめに」に書いたように、なぜ、女性はできる男性に惹かれるのだろうという問いである。私はスポーツが苦手であり、小谷野敦さんではないが小さい頃から「もてなかった」。一方、体が大きくてスポーツが得意な男の子は、女の子からたいへん「モテる」。

しかし、女の子は、スポーツができなくても「モテる」子は多いし、スポーツが得意だからといって特段「モテる」わけではない。

そんなの当たり前と思われるかもしれないが、「当たり前のことをまるで不思議なことのように考える」ことが社会学の本質である。しかし、ジェンダー論や、フェミニズム（女性解放論）の中では、この構造に関しては全くと言ってよいほど触れられない。まるで、言及することが避けられているようでもある。そして、男性学、男性解放論の分野でも、「男性の鎧を脱げ」と男らしさを捨てることが推奨されるが、では男らしさを捨てた男性が、女性から配偶者として選ばれるかと言えばその点も議論されることはなかった。

私は、この「モテる構造」がジェンダーによって違っている事実に関して、長年考察を続けてきた。本書で何回も言及している「できる男性はモテる」しかし「女性はできることと、モテることは別」という構造が、どの程度当てはまり、どのようにして生じ、どのような効果を社会に及ぼしているかについて、様々な角度から検討し、大学の講義や、いくつかの著作でも発表してきた。

その中で、前任校の東京学芸大学や、中央大学で「ジェンダー」を担当し、「モテる構造」について、まとまって講義する機会を得、その内容をまとめたのが、本書である。学生たちにはおおむね好評だが、なかには、男性の本音を女性に知られたくなかったとか、女性は「できる男性」でないと好きにならないと知ってショックだったという男子学生もいた。学生たちのコメント、感想も、本書を書くに当たって参考にしている。私の講義を聴き、コメントを寄せてくれた学生に、改めて感謝の意を表したい。

そして、本書の編集者、天野裕子さんとは、『パラサイト・シングルの時代』(一九九九年発行)の執筆段階から、かれこれ二〇年に及ぶおつきあいである。『希望格差社会』(二〇〇四年)でもそうだったが、原稿の隅々まで目を通され、詳細なコメントをいただき、書き直し書き直し、本書の完成にこぎつけることができた。また、前二書と同じように、原稿を前にして、二人でタイトル案を考えるのが、悩ましくも愉しい時間であった。最後は、九鬼周造の「「いき」の構造」にあやかって、「モテる構造」に落ち着いた。天野さんに、紙面を借りて更なる感謝の意を表したい。

二〇一六年九月二三日

山田昌弘

ちくま新書
1216

モテる構造《こうぞう》——男《おとこ》と女《おんな》の社会学《しゃかいがく》

二〇一六年一一月一〇日　第一刷発行

著者　山田昌弘（やまだ・まさひろ）

発行者　山野浩一

発行所　株式会社 筑摩書房
東京都台東区蔵前二-五-三　郵便番号一一一-八七五五
振替〇〇一六〇-八-四一二三

装幀者　間村俊一

印刷・製本　三松堂印刷 株式会社

乱丁・落丁本の場合は、左記宛にご送付ください。
送料小社負担でお取り替えいたします。
ご注文・お問い合わせも左記へお願いいたします。
〒三三一-八五〇七　さいたま市北区櫛引町二-六〇四
筑摩書房サービスセンター　電話〇四八-六五一-〇〇五三

ISBN978-4-480-06923-8 C0236

ちくま新書

364 女は男のどこを見ているか 岩月謙司
女の行動の謎は男にとって悩みのタネのひとつである。彼女たちはいったい何を求めているのか？ 男が再び、智恵と勇気と愛と感謝の気持ちを持つための必読の一冊。

494 男は女のどこを見るべきか 岩月謙司
なぜ、夫の浮気はバレても妻の浮気はバレないのか？ なぜ、女は天使にも悪魔にもなれるのか？ 男女の思考方法の違いを解明し、女性との良好な接し方を伝授する。

904 セックスメディア30年史——欲望の革命児たち 荻上チキ
風俗、出会い系、大人のオモチャ。日本には多様なセックスが溢れている。80年代から10年代までの性産業の実態に迫り、現代日本の性と快楽の正体を解き明かす！

1103 反〈絆〉論 中島義道
東日本大震災後、列島中がなびいた〈絆〉という価値観。だがそこには暴力が潜んでいる？ 〈絆〉からの自由は認められないのか。哲学にしかできない領域で考える。

1067 男子の貞操——僕らの性は、僕らが語る 坂爪真吾
男はそんなにエロいのか？ 初体験・オナニー・風俗・童貞など、様々な体験を交えながら、男の性の悩みを一刀両断する。学校では教えてくれない保健体育の教科書。

415 お姫様とジェンダー——アニメで学ぶ男と女のジェンダー学入門 若桑みどり
白雪姫、シンデレラ、眠り姫などの昔話にはどのような意味が隠されているか。世界中で人気のディズニーのアニメを使って考えるジェンダー学入門の実験的講義。

261 カルチュラル・スタディーズ入門 上野俊哉 毛利嘉孝
サブカルチャー、メディア、ジェンダー、エスニシティ、ポストコロニアリズムなどの研究を通してカルチュラル・スタディーズが目指すものは何か。実践的入門書。